广东省刘建峰名师工作室

U0597044

高中生物学与百年诺奖

刘建峰 / 主编

中国出版集团　现代出版社

图书在版编目(CIP)数据

高中生物学与百年诺奖 / 刘建峰主编. — 北京：
现代出版社，2020.6

ISBN 978-7-5143-8699-8

Ⅰ.①高… Ⅱ.①刘… Ⅲ.①生物课—教学研究—高
中 Ⅳ.①G633.912

中国版本图书馆CIP数据核字（2020）第110560号

高中生物学与百年诺奖

作　　者　刘建峰

责任编辑　张　璐

出版发行　现代出版社

地　　址　北京市安定门外安华里504号

邮政编码　100011

电　　话　010-64267325　64245264

网　　址　www.1980xd.com

电子邮箱　xiandai@cnpitc.com.cn

印　　制　北京政采印刷服务有限公司

开　　本　710mm×1000mm　1/16

印　　张　11

字　　数　195千

版　　次　2022年6月第1版　　2022年6月第1次印刷

书　　号　ISBN 978-7-5143-8699-8

定　　价　45.00元

编　委　会

上 篇　诺贝尔与诺贝尔生理学或医学奖

下 篇　百年诺贝尔生理学或医学奖在
　　　　高中教材中的体现

上 篇

诺贝尔与诺贝尔生理学或医学奖

诺贝尔与诺贝尔奖的由来

阿尔弗雷德·贝恩哈德·诺贝尔，瑞典化学家、工程师、发明家、军工装备制造商和炸药的发明者，1833年10月21日出生于斯德哥尔摩。

诺贝尔一生拥有350多项专利发明，诺贝尔跨国公司在德国、美国、英国、西班牙等21个国家开设了约90家公司和工厂，积累了200多万英镑的巨额财富。

诺贝尔于1896年12月10日逝世。逝世前立下遗嘱，决定将自己的财产捐给全世界，1897年诺贝尔的遗嘱在瑞典公布，具体内容如下：

"签名人阿尔弗雷德·诺贝尔，在经过成熟的考虑之后，就此宣布关于我身后可能留下的财产的最后遗嘱如下：

我所留下的全部可变换为现金的财产，将以下列方式予以处理。这份资本由我的执行者投资于安全的证券方面，并将构成一种基金；它的利息将每年以奖金的形式，分配给那些在前一年里曾赋予人类最大利益的人。上述利息将被平分为五份，其分配办法如下：一份给在物理方面做出最重要发现或发明的人；一份给做出过最重要的化学发现或改进的人；一份给在生理学和医学领域做出过最重要发现的人；一份给在文学方面曾创作出有理想主义倾向的最杰出作品的人；一份给曾为促进国家之间的友好、为废除或裁减常备军队以及为举行和平会议做出过最大或最好工作的人。物理和化学奖金将由瑞典皇家科学院授予；生理学或医学奖金由斯德哥尔摩的卡罗琳医学院授予；文学奖金由斯德哥尔摩的瑞典文学院授予；和平战士奖金由挪威议会选出的一个五人委员会来授予。我的明确愿望是，在颁发这些奖金的时候，对于获奖候选人的国籍丝毫不予考虑，不管他是不是斯堪的纳维亚人，只要他值得，就应该被授予奖金。

我在此声明，这样授予奖金是我的迫切愿望。

这是我的唯一有效的遗嘱，在我死后，若发现以前任何有关财产处理的遗嘱，一概作废。"

诺贝尔指定助手索尔曼和瑞典工程师鲁道夫·利列克维斯特做他遗嘱的执行人。两人经过两年的辛苦努力，1900年诺贝尔基金会正式成立，诺贝尔生前愿望得以实现。诺贝尔基金会是基金的所有者和实际管理者，并参与奖金的颁发，但不参与奖金的评定和审议，奖项的审议完全由四个研究机构负责。

1901年12月10日，在诺贝尔逝世5周年之际，在瑞典庄严地举行了第一届诺贝尔奖授奖仪式。自此以后，除因战时中断外，每年这一天都分别会在瑞典首都斯德哥尔摩和挪威首都奥斯陆举行授奖仪式。

诺贝尔奖奖金的设立，在20世纪科学史上，甚至在人类文明史上，都具有深远的影响。在瑞典和挪威的不断努力下，世界范围内，诺贝尔奖通常被认为是所有颁奖领域最重要的奖项，是科学领域的最高荣誉。诺贝尔奖激励着人们不断攀登科学高峰，对人类科学事业的发展和维护人类和平都起到了积极的推动作用。

诺贝尔奖与高中生物学的联系

诺贝尔生理学或医学奖和诺贝尔化学奖与生物科学研究密切相关，相关获奖成就代表着近阶段生物科学领域的发展方向。随着我国高中生物学教材的改革，教材选编内容与时俱进，教材中多处涉及诺贝尔奖有关成就[①]。

据统计，与生物科学相关的诺贝尔奖获奖成就主要是对器官、组织、单细胞或多细胞生物的正常功能及生理作用的研究，以及在遗传学领域的研究。获奖重点研究领域与高中生物学教学重点联系密切。高中生物学教材各章节中所涉及的部分诺贝尔奖内容见表1[②]。

表1　部分诺贝尔奖在高中教材中的体现

教材	章节	获奖人	年份	奖项	获奖成就
必修1（分子与细胞）	第2章第2节生命活动的承担者——蛋白质	Frederic Ksanger	1958	化学奖	蛋白质一级结构
		Chistian B.Anfinsen	1972	化学奖	蛋白质一级结构与四级结构关系
		Gerald M.Edelman. Rcxlnev R.Porter	1972	生理学或医学奖	免疫球蛋白结构
	第2章第3节遗传信息的携带者——核酸	Arthur Kornberg, Severoo Choa	1959	生理学或医学奖	DNA与RNA生物合成机制
	第3章细胞的基本结构	Christian de Duve，George E.Palade，Albert Claude	1974	生理学或医学奖	细胞的机构和功能方面的发现
	第4章第3节物质跨膜运输的方式	Roderick MacKinnon，Peter Agre	2003	化学奖	发现水通道，离子通道的结构与功能

---

① 苗娟，陈忠.基于高中生物学学科核心素养培养的教学策略——2018年诺贝尔奖获得者的启示［J］.中国校外教育，2019（22）：13-14.

② 张继太，祝雪，张盛周.诺贝尔奖在高中生物教学中的应用研究［J］.安徽农业科学，2014，42（35）：127-128.

教材	章节	获奖人	年份	奖项	获奖成就
必修1 （分子 与细胞）	第5章第4节能量之源——光与光合作用	Melvin Calvin	1961	化学奖	光合作用中CO$_2$同化作用的生化机制
	第6章细胞的生命历程（增殖、分化、衰老和凋亡、癌变）	William Knowles，Ryoji Noyori，Barry Sharpless	2001	生理学或医学奖	发现细胞周期的关键调控因子
		Sydney Brenner，H.Robert Horvitz，John E.Sulston	2002	生理学或医学奖	器官发育的遗传基础和细胞的程序性死亡
必修2 （遗传与 进化）	第2章第2节《基因在染色体上》	T. H. Morgan	1933	生理学或医学奖	发现遗传中染色体所起的作用
	第3章第2节DNA分子的结构	Francis Crick，James Watson，Maurice Wilkins	1962	生理学或医学奖	发现核酸的分子结构及其对生物中信息传递的重要性
	第4章基因的表达	Robert W.Holley，H.Gobind Khorana，Marshall W.Nirenberg	1968	生理学或医学奖	破解遗传密码并阐释其对蛋白质合成的作用
	第5章第2节基因工程及其应用	Werner Arber，Daniel Nathans，Hamilton O.Smith	1978	生理学或医学奖	限制性核酸内切酶技术
		Mario R.Capecchi，Sir Martin J.Evans，Oliver Smithies	2007	生理学或医学奖	基因敲除技术
必修3 （稳态 与环境）	第2章第1节通过对神经系统的调节	Camillo Golgi，Santiago Ramóny Cajal	1906	生理学或医学奖	在神经系统结构研究上的工作
		Sir Charles Sherrington，Edgar Adrian	1932	生理学或医学奖	发现神经元的相关功能
		Sir Henry Dale，Otto Loewi	1936	生理学或医学奖	神经冲动的化学传递的相关发现
		Sir John Eccles，Alan Hodgkin，Andrew Huxley	1963	生理学或医学奖	神经电位的离子作用机制
		Arvid Carlsson，Paul Greengard	2000	生理学或医学奖	神经系统的信号传导
	第2章第2节通过激素的调节	Frederick G.Banting，John Macleod	1923	生理学或医学奖	发现胰岛素

教材	章节	获奖人	年份	奖项	获奖成就
必修3（稳态与环境）	第2章第4节免疫调节	Ilya Mechnikov, Paul Ehrlich	1908	生理学或医学奖	在免疫性研究上的工作
		Sir Frank Macfarlane Burnet, Peter Medawar	1960	生理学或医学奖	发现获得性免疫耐受
		Harald zur Hausen, Françoise Barré-Sinoussi, LucMontagnier	2008	生理学或医学奖	发现人类免疫缺陷病毒
		Bruce A.Beutler, Jules A.Hoffmann, Ralph M.Steinman	2011	生理学或医学奖	在先天免疫激活方面的发现

《普通高中生物学课程标准》（2017年版）中界定的生物学核心素养包括生命观念、科学思维、科学探究、社会责任四个维度，培养学生的生物学核心素养是普通高中生物学教学的重要目标[1]。落实核心素养需要学生在真实的情境中发现问题、提出问题、分析问题、解决问题，不是从理论到理论，更不是讲完知识就做题。诺贝尔奖背后的科研过程和研究思路为高中生物学教学提供了良好的真实情境。高中生物学的每一个核心知识点都与诺贝尔奖成果有着密切的联系，合理应用诺贝尔奖成果讲解高中生物学的核心知识，既可以激发高中生学习这些知识的兴趣，又可以加强其对这些知识的理解。适时让学生探究与教材知识有关的诺贝尔奖成果，可以培养学生的科学探究能力。生物学常用研究方法是观察并提出问题—做出假说—对假说的推断—实验或观察验证—得到数据—统计分析—得出结论。而几乎所有的诺贝尔奖研究成果都是建立在这样的研究程序上的。合理应用诺贝尔奖成果，学生不仅对于科学方法不再感到陌生，而且在潜移默化中学习和了解科学方法，理解科学方法，掌握科学方法，最终应用科学方法[2]。由此可见，科学地将诺贝尔奖知识运用到高中生物学教学中，不仅可以丰富教师的教学内容，让教师走出课本，还增强了学生发现问题、分析问题、解决问题的能力，进而提高学生的基本科学素养，将生物学核心素养真正落实到位。

---

① 王跃斌.关注学科热点事件 培养生物科学素养［J］.中小学教学研究，2017（2）：62-64.

② 潘龙龙.应用诺贝尔奖成果培养高中生的生物科学素养［J］.中学生物教学，2018（16）：20-22.

下 篇

百年诺贝尔生理学或医学奖在高中教材中的体现

白喉血清疗法的研究

——1901年诺贝尔生理学或医学奖

一、获奖人

埃米尔·阿道夫·冯·贝林（Emil Adolf von Behring，1854年3月15日—1917年3月31日），德国医学家。

二、颁奖词或获奖原因

开创了医学领域的一条新路——血清疗法，特别是在治疗白喉的应用上的贡献，为医生对付疾病和死亡提供了有力武器，是在免疫学上对免疫学的发展起到巨大推动作用的科学家。（德国细菌学家贝林因首次成功地用动物的免疫血清治疗白喉，成为获诺贝尔生理学或医学奖的第一人）

三、课本知识适切点

选择性必修模块1　稳态与调节。

概念1　生命个体的结构与功能相适应，各结构协调统一共同完成复杂的生命活动，并通过一定的调节机制保持稳态。

1.5.3　阐明特异性免疫是通过体液免疫和细胞免疫两种方式，针对特定病原体发生免疫应答。

四、科普性解读

血清疗法是将治愈患者的血清（抗血清）注射到对应血型以及相应疾病的患者身上以达到治疗的目的，是一种利用被动免疫的疗法，这样的血清被称为治疗血清。1891年，贝林用白喉抗毒素血清治疗白喉患儿成功，这一疗法很快得到推广，使白喉病死亡率大为降低。因此，贝林被誉为"儿童的救星"。除了白喉抗毒素血清之外，贝林又继续开发了新的抗毒素血清，其中破伤风抗毒素血清更是在此后的第一次世界大战期间挽救了大批受伤士兵。贝林本人再次被称为"士兵的救星"。为了得到大量抗毒素血清，贝林置办了大量地产用于养牛，并与制药公司合作，他因此变得非常富有。1913年，贝林成功研发了白喉疫苗。从抗毒素血清到白喉疫苗，累累硕果使贝林跻身20世纪最杰出免疫学家的行列。晚年的贝林将主要精力放在对结核病的研究治疗上，然而很遗憾，这次他没有成功，最终也正是结核病夺去了贝林63岁的生命。

今天我们已经知道，所谓抗毒素血清实际是一类具有中和作用的抗体。通过计划免疫注射百白破疫苗，白喉在现代社会已经非常罕见。在如今的中国，白喉也只是偶尔零散发病，不再发生大规模流行，某些省份甚至已经连续十几年没有发现一例白喉。卫生防疫能取得如此巨大的成就，首先应当归功于伟大的埃米尔·阿道夫·冯·贝林先生。

五、科学思维（情境与问题）

情境1： 地球上存在着大量能使人生病的细菌、病毒等微生物，它们几乎无处不在，我们的身体无时无刻不处在病原体的包围之中。但是，通常情况下，我们却并未感到不适。神经调节和体液调节对维持内环境的稳态具有非常重要的作用，但并不能直接消灭入侵人体的病原体，也不能直接清除体内出现的衰老、破损或异常的细胞。

通过进一步研究发现，对付病原体和体内出现的异常细胞，要依靠免疫调节。免疫调节具有防卫、监控和清除功能。可见，人的患病与否与免疫调节有很大的关系。

问题1： 美国科学家詹姆斯·艾利森和日本科学家本庶佑共同获得2018年诺贝尔生理学或医学奖。艾利森发现抑制CTLA-4分子能使T细胞大量增殖、攻击肿瘤细胞。本庶佑则在T细胞基础上首次发现了PD-1分子，PD-1分子和CTLA-4分子相似，抑制PD-1分子则能够活化T细胞，刺激生物体内免疫功能，从而达到治疗癌症的目的。研究进一步发现：CTLA-4与PD-1的联合疗法，能使末期转移性黑色素瘤患者的三年存活率达到约60%。可见，真正治疗人体疾病的有效手段是从根本上提高人体的免疫力。据此分析以下说法正确的是（　　）。

A. 由T细胞上有PD-1分子可知只有T细胞含有PD-1分子特有基因

B. T细胞大量增殖、攻击肿瘤细胞体现了免疫系统的防卫功能

C. 一个人是否会患癌症以及癌症治疗的效果如何都与人体免疫力有关

D. CTLA-4与PD-1的联合疗法的理论基础可能与细胞膜的选择透过性功能相关

参考答案：

C。PD-1分子虽然只存在于T细胞中，但其相应的基因在所有体细胞中均存

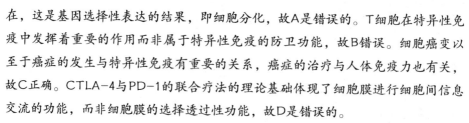
在，这是基因选择性表达的结果，即细胞分化，故A是错误的。T细胞在特异性免疫中发挥着重要的作用而非属于特异性免疫的防卫功能，故B错误。细胞癌变以至于癌症的发生与特异性免疫有重要的关系，癌症的治疗与人体免疫力也有关，故C正确。CTLA-4与PD-1的联合疗法的理论基础体现了细胞膜进行细胞间信息交流的功能，而非细胞膜的选择透过性功能，故D是错误的。

情境2：随着人类对免疫系统认识的深入，现代医学伟大的成就之一，就是疫苗的发明和应用。例如，"百白破"三联体疫苗、天花疫苗等的使用，大大降低了传染病的发病率，甚至对某些传染病起到根治作用。

问题2：牛痘疫苗是用取自牛的牛痘（一种天然的轻型病毒性传染病）脓包中的浆液制成的。1961年以后，由于我国推广了新生儿接种牛痘疫苗的措施，天花已在我国终止了传播。请根据所学知识内容，简述其中的原理。

参考答案：

牛痘疫苗中含有少量经过人工处理的减毒天花病毒。接种牛痘后，婴儿体内经过一定阶段，B细胞开始分化，小部分形成记忆细胞，记忆细胞可以在抗原消失后很长时间内保持对天花病毒的记忆。因此，当再次遇到天花病毒侵袭时，记忆细胞能迅速增殖分化，使机体快速产生大量的抗体，以便将其杀灭。

发现蚊子是传播疟疾的媒介

——1902年诺贝尔生理学或医学奖

一、获奖人

罗纳德·罗斯（Ronald Ross，1857年5月13日—1932年9月16日），出生于印度阿尔莫拉，英国医生，微生物学家，热带病医师。

二、颁奖词或获奖原因

为揭开疟疾通过蚊子传播做出了巨大贡献。

三、课本知识适切点

模块1　分子与细胞。

概念2　细胞的生存需要能量和营养物质，并通过分裂实现增殖。

2.2.1　说明绝大多数酶是一类能催化生化反应的蛋白质，酶活性受到环境因素（如温度和pH等）的影响。

2.2.4　说明生物通过细胞呼吸将储存在有机分子中的能量转化为生命活动可以利用的能量。

四、科普性解读

疟疾是以疟原虫为病原体、按蚊为媒介的血液寄生虫病，这种病流行于世界各地，尤其在热带地区发病率很高。最初人们认为疟疾是沼泽湿地散发出的秽气——瘴气所致。19世纪时疟疾流行，印度每年死于疟疾者达百万人。热带病学先驱A. 拉韦朗1880年在疟疾患者的血液中发现疟原虫，P. 曼森1893年提出疟疾由蚊子传播的假说。1895—1898年罗斯为证实曼森的假说进行深入的研究并得到曼森的帮助。他首先证明饮用污染了受感染成蚊或幼虫的水不会患疟疾。他学会鉴定蚊种，让蚊子吸吮疟疾患者的血液，他在蚊子胃中发现疟原虫的配子体和囊合子。他研究了疟原虫在鸟体内的生活周期，在蚊子的唾液腺中观察到疟原虫子孢子，证实蚊子是鸟类疟疾的传播媒介。由于罗纳德·罗斯在探明疟疾病因上的贡献，他获得了1902年诺贝尔生理学或医学奖。

五、科学思维（情境与问题）

情境1： 科学家研究生物膜结构的历程，是从物质跨膜运输的现象开始的。分析成分是了解结构的基础，现象和功能又提供了探究结构的线索。人们在实验的基础上提出假说，又通过进一步的实验来修正假说，其中方法和技术的进步起到关键的作用。罗纳德·罗斯发现按蚊传播疟疾的实验也是一个经典的探究实验过程，对高中生物学课程中的探究性学习产生深刻的启示，探究性学习应以生物实验为途径，问题来源于生活，在合作交流的基础上设计科学的实验并验证。同时也说明科学是一个动态发展的过程，这一过程是无止境的。

在做消化酶实验时，需要控制温度等实验条件。加酶洗衣粉的包装袋上往往附有这种洗衣粉的适用温度范围。唾液淀粉酶、胃蛋白酶等消化酶都在消化道中起作用。不同部位消化液的pH不一样（唾液的pH为6.2～7.4，胃液的pH为0.9～1.5，小肠液的pH为7.6）。而唾液淀粉酶会随唾液流入胃，胃蛋白酶会随食糜进入小肠。

问题1： 胃液与小肠液的pH差别这么大，胃蛋白酶随食糜进入小肠后，还会发挥消化作用吗？简要说明理由。

参考答案：

不能。胃蛋白酶的化学本质是蛋白质，小肠环境的pH对它来说已经过碱了，过酸、过碱或温度过高会使酶的空间结构遭到破坏，从而使酶永久失活。故进入小肠后的胃蛋白酶不具有消化作用。

情境2： 酵母菌是一种单细胞真菌，在有氧和无氧的条件下都能生存，属于兼性厌氧菌，因此便于用来研究细胞呼吸的不同方式。在高中生物学教材必修1的"探究酵母菌细胞呼吸的方式"中，需要设计和进行对比实验，分析在有氧条件下和无氧条件下酵母菌细胞呼吸的情况。

问题2： 在本实验中，我们要设置对比实验，该如何设置对比实验呢？简述对比实验的概念。

参考答案：

有氧条件下酵母菌培养液与无氧条件下酵母菌培养液即对比实验。对比实验是指设置两个或两个以上实验组，通过进行对比结果的比较分析，来探究某种因素与实验对象的关系。

发现利用光辐射治疗寻常狼疮

——1903年诺贝尔生理学或医学奖

一、获奖人

尼尔斯·吕贝里·芬森（Niels Ryberg Finsen，1860年12月15日—1904年9月24日），出生于丹麦法罗，医师与科学家。

二、颁奖词或获奖原因

认同他在治疗疾病方面的贡献，特别是以光线放射治疗寻常狼疮（lupus vulgaris），由此开辟了医学研究的新途径。

三、课本知识适切点

必修模块2 遗传与进化。

概念3 遗传信息控制生物性状，并代代相传。

3.3.3 描述细胞在某些化学物质、射线以及病毒的作用下，基因突变概率可能会提高，而某些基因突变能导致细胞分裂失控，甚至发生癌变。

四、科普性解读

没有光就没有生命，这一点早就为人类所认识，但是利用光来治疗疾病源于丹麦医生芬森。1892年，芬森开始潜心研究光线对有机体的影响的问题。他大胆提出了自己的想法：光谱中不同性质的光线，它们作用的时间和强度不同，对有机体的影响也可能各不相同。他首先分析了阳光照射对天花病人的危害。通过实验，他发现光谱中高折射的紫端光线，使天花病人皮肤发水疱，轻则留下麻点，重则丧命。这些蓝紫光和紫外光被称为化学性光线。他还发现光谱的另一端低折射的红光和红外线，它们属热射线，化学影响性极小，能加快天花痊愈，还能预防正常光照下引起的并发症。经过几年夜以继日的辛劳，他把空心的平凸透镜充满含硫酸铜的氨水溶液，以此作为聚光器和滤光器，或用碳精电弧灯作为光源，用石英棱镜分光，再用两个平凸透镜聚光。这样就可以得到一束聚焦的化学性光线。他在细菌培养中证实：这种聚焦的化学光线确有杀菌能力。1895年11月，他在第一位狼疮病人身上试用了这种治疗方法。经过一段时间，病斑消失，皮肤恢复正常。1896年，他发表了论文《聚集的化学性光线在医学中的应用》，立即轰动了全欧洲。1981年，联合国世界卫生组织正式宣布激光医学为医学的一个新分支。现在各种光学治疗活跃在医学领域，新的光动力治疗肿瘤又为我们与癌症做斗争增添了新的武器。

五、科学思维（情境与问题）

情境1：20世纪50年代以前，我国大豆产量居世界首位。到了60年代末70年代初，我国大豆产量严重下滑，生产满足不了需求。后来，我国科学家用X射线对萌发中的大豆种子进行人工诱变处理，再从后代中选出抗病性强的优良个体，具有这些性状的大豆不断繁殖，至今仍然是我国抗病性最强和应用最广的种源。

问题1：由于长期晒太阳皮肤变黑与利用太空宇宙射线培育出神奇的"太空辣椒"，你知道它们的变异类型吗？请简述诱变育种的基本过程。

参考答案：

前者为不可遗传变异，后者为可遗传变异的基因突变。

诱变育种的基本流程如图1所示。

$$原材料 \xrightarrow{物理或化学因素诱变} 突变体 \xrightarrow{筛选} 新品种$$

图1　诱变育种的基本流程

情境2：现在世界各国生产青霉素的菌种，是在1942年从一个发霉的甜瓜得来的。这种野生的青霉菌分泌的青霉素很少，产量只有20单位/mL，产量很低，不能满足需求。后来科学家用X射线、紫外线等照射青霉菌，结果大部分青霉菌死亡，少量存活下来。在存活下来的青霉菌中，产生青霉素的量存在很大的差异，其中有的青霉菌株产生的青霉素的量提高了几百倍（最高达到20000单位/mL），从而选育出了高产青霉菌株。

问题2：上述情境中阐述的属于什么育种？请说明这种育种方式有哪些优点。

参考答案：

诱变育种。可以提高突变频率，大幅度地改良某些性状。

消化生理学上的贡献

——1904年诺贝尔生理学或医学奖

一、获奖人

伊万·彼德罗维奇·巴甫洛夫（Ivan Petrovich Pavlov，1849年9月26日—1936年2月27日），生理学家，心理学家，医师，高级神经活动学说的创始人，高级神经活动生理学的奠基人。

二、颁奖词或获奖原因

在消化的生理学研究上的工作，这一主题的重要方面的知识由此被转化和扩增。（巴甫洛夫因为消化学的研究，尤其是对唾液腺、味腺和肠腺的反射分泌的研究，获得诺贝尔奖）

三、课本知识适切点

模块1　稳态与调节（选择性必修课程）。

概念1　生命个体的结构与功能相适应，各结构协调统一共同完成复杂的生命活动，并通过一定的调节机制保持稳态。

1.4.2　举例说明激素通过分级调节、反馈调节等机制维持机体的稳态，如体温调节和水盐平衡调节等。

四、科普性解读

巴甫洛夫在学术上的贡献主要在三个方面：①心脏的神经功能；②消化腺的生理机制（获诺贝尔奖）；③条件反射研究。其中，摘得诺贝尔奖却并非因为人们津津乐道的"条件反射学说"，而是消化腺的生理机制。

1888年，巴甫洛夫开始对消化生理进行研究。他发明了新的实验方法，不是用被麻醉的动物做急性实验（每次实验完了，动物也就死掉了），而是用健康的动物做慢性实验，从而能够长期观察动物的正常生理过程。关于消化道的研究，

15

巴甫洛夫首先把狗的食道通过手术切断，把切断的食道两端缝在狗脖子的皮肤上，然后让狗饿上一天以后，把这只饥饿的狗拉到实验室，在狗的面前放一盘鲜肉，狗一见鲜肉，便贪婪地吃了起来，咀嚼了几下就咽下去了。可是不一会儿，咽下去的肉又掉到了食盘里，这是因为食道已被切断，肉根本进不了胃里，狗依然贪婪地吃着，盘子里的肉始终那么多。这只狗徒劳地吃了四五分钟后，奇怪的现象出现了，在通向狗胃的一根橡皮管里流出了大量的胃液。胃液不断分泌，是狗的第十对脑神经——迷走神经的冲动引起的。巴甫洛夫对这只狗的迷走神经也动过手术，已在上面引出一根丝线。现在只要他稍微提动一下丝线，就切断了脑与胃之间的联系。结果狗尽管还是在不断地吞咽鲜肉，但胃液却停止分泌了。这就是著名的"假饲"实验，它可以使人们观察到狗的消化腺的分泌情况。1904年，诺贝尔基金会将该年度的生理学或医学奖金授予了巴甫洛夫。巴甫洛夫是俄罗斯第一个获得诺贝尔奖的科学家，也是世界上第一个获得诺贝尔奖奖金的生理学家。

五、科学思维（情境与问题）

情境1：体温的恒定对于人体正常生命活动至关重要，人体热量的来源主要是细胞中有机物的氧化分解效能（尤其是骨骼肌和肝脏产热为多），热量的散出主要是通过汗液的蒸发、皮肤内毛细血管的散热，其次还有呼吸、排尿和排便等，所以体温恒定同时受神经和体液的调节。发热是感冒常见的症状之一，其原因是：当流感病毒侵入人体后，其促使机体产生的物质作用于下丘脑的体温调节中枢，该结构通过传出神经纤维末梢分泌的神经递质作用于骨骼肌等，同时甲状腺、肾上腺分泌相应激素，该激素促进机体增加产热。

问题1：甲状腺激素和肾上腺素发挥作用时首先要与细胞膜上的特异性受体结合，这体现了细胞膜的哪项功能？激素是通过什么途径运输的？

参考答案：

这体现了"进行细胞间信息传递功能"；激素通过"体液运输"。

情境2：2016年12月1日，美国*Cell*（《细胞》）杂志上的一项研究表明，用于治疗疟疾的青蒿素或许还可以拯救数亿糖尿病患者。科学家们发现青蒿素可以与一种Gephyrin蛋白相结合，能激活GABA受体（活细胞信号的主要开关），引发胰岛A细胞一系列的变化，使得胰岛A细胞也能产生胰岛素，从而转变为胰岛B细胞。

问题2：研究表明，血糖的含量主要是通过激素来调节和控制的。下列叙述正确的是（　　　）。

A.注射结合了青蒿素的Gephyrin蛋白可以治疗糖尿病

B. 不同胰岛细胞的基因不同导致产生不同激素

C. 胰岛A细胞转变为胰岛B细胞，体现了细胞的全能性

D. 青蒿素的新发现体现了生物多样性的间接价值

参考答案：

A。注射结合了青蒿素的Gephyrin蛋白可以诱导胰岛A细胞转化为胰岛B细胞，所以可以治疗糖尿病，A项正确；不同胰岛细胞产生不同激素是基因选择性表达的结果，B项错误；全能性是指离体细胞发育成完整个体的潜能，而胰岛A细胞转化为胰岛B细胞不是全能性的表达，C项错误；青蒿素的药用价值是生物多样性的直接价值，故D项错误。

对结核病的相关研究和发现

——1905年诺贝尔生理学或医学奖

一、获奖人

罗伯特·科赫（Robert Koch，1843—1910），出生于德国克劳斯特尔，医生和细菌学家，是世界病原细菌学的奠基人和开拓者。

二、颁奖词或获奖原因

对结核病的相关研究和发现。（科赫发现结核杆菌及其传染途径，指出结核病患者是最主要的散布源，并提出用结核杆菌素治疗结核病。他还研究出避免结核杆菌死亡的传代培养法，为此后研制预防结核病的卡介苗创造了条件）

三、课本知识适切点

模块1　稳态与调节（选择性必修课程）。

概念1　生命个体的结构与功能相适应，各结构协调统一共同完成复杂的生命活动，并通过一定的调节机制保持稳态。

1.1.4　举例说明免疫功能异常可能引发疾病，如过敏、自身免疫病、艾滋病和先天性免疫缺陷病等。

四、科普性解读

众所周知，传染病是人类健康的大敌。从古至今，鼠疫、伤寒、霍乱、肺结核等许多可怕的病魔夺去了人类无数的生命。人类要想战胜这些凶恶的疾病，首先就要弄清楚致病的原因。而第一位发现传染病是由病原细菌感染造成的人就是罗伯特·科赫，他堪称世界病原细菌学的奠基人和开拓者。

自1881年罗伯特·科赫创用了固体培养基划线分离纯种法后，他转向结核病病原菌研究。他改进染色方法，发现了当时未能得到的纯种结核杆菌。为了大量培养出纯种的结核杆菌，他又改用在凝固的血清上接种培养，并将培养出的纯种结核杆菌制成悬液，注射到豚鼠的腹腔，发现4~6周后豚鼠死于结核病。他用实验证明结核杆菌不论来自猴、牛或人均有相同症状，进而阐明了结核病的传染途径。1882年3月24日科赫在德国柏林生理学会上宣布了结核杆菌是结核病的病原菌。科赫为研究病原微生物制定了严格准则，被称为科赫法则。科赫法则的提出不仅为研究病原微生物制定了一套方法，而且激发了人们对纯培养物的研究，促进了防治各种传染病有效方法的建成。为此，1905年，诺贝尔基金会将该年度的生理学或医学奖金授予了德国人罗伯特·科赫。

五、科学思维（情境与问题）

情境1：人体的健康与自身的免疫系统有很大的关系，免疫系统除了能够抵御外来病原体的攻击外（防卫功能），还具有监控和清除功能：监控并清除体内已经衰老或因其他因素而被破坏的细胞，以及癌变的细胞。但免疫系统并不是越强大越好，如果免疫系统异常敏感、反应过度，"敌我不分"地将自身物质当作外来异物进行攻击，这就会引起相应的疾病——自身免疫病。例如，类风湿性关节炎、系统性红斑狼疮。可见，免疫功能过强或过弱，都会引起机体功能紊乱。

问题1：目前，人生病时常进行输液治疗，但是不必要的输液对人体有危害。输液会使微颗粒直接进入人体的内环境而造成危害；同时输液还容易引起过敏反应，过敏反应是指已产生免疫的机体接受相同抗原刺激时所发生的反应。过敏反应有何特点？该如何预防？

参考答案：

过敏反应的特点：发作迅速、反应强烈、消退较快；一般不会破坏组织细胞，也不会引起组织严重损伤；有明显的遗传倾向和个体差异。目前过敏反应最有效的预防措施就是少接触或不接触过敏原。

情境2：艾滋病（AIDS）是由人类免疫缺陷病毒（HIV）引起的。HIV侵入人体后，与T淋巴细胞结合，破坏T淋巴细胞，使免疫调节受到抑制，并逐渐使人体的免疫系统瘫痪，功能瓦解，最终使人无法抵抗其他病毒、病菌的入侵，或发生恶性肿瘤而死亡。

问题2：讨论以下行为是否可以传染艾滋病，并分析为什么。

（1）与艾滋病患者共同进餐；

（2）与静脉吸毒者共用一个针管；

（3）在运动中撞到艾滋病患者；

（4）与艾滋病患者拥抱；

（5）触摸艾滋病患者摸过的门把手；

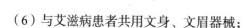

（6）与艾滋病患者共用文身、文眉器械；

（7）叮咬过艾滋病患者的蚊蝇叮咬正常人；

（8）输入含有HIV的血液；

（9）与艾滋病患者共用冲水马桶；

（10）与艾滋病患者共用剃须刀。

参考答案：

（2）（6）（8）（10）会传染艾滋病。艾滋病病毒主要存在于感染者和病人的血液、精液、阴道分泌物、乳汁中，因此艾滋病的传播途径主要有性接触传播、血液传播和母婴传播等。

神经系统结构的研究

——1906年诺贝尔生理学或医学奖

一、获奖人

卡米洛·高尔基（Camillo Golgi，1843年7月7日—1926年1月21日），出生于意大利布雷西亚省科尔泰诺（现更名为科尔泰诺·高尔基），是一位杰出的神经解剖学家、神经组织学家和病理学家。

圣地亚哥·拉蒙—卡哈尔（Santiago Ramóny-Cajal，1852年5月1日—1934年10月17日），生于西班牙阿拉贡自治区，病理学家、组织学家和神经学家。

二、颁奖词或获奖原因

表彰他们对神经系统结构的研究。

三、课本知识适切点

模块1　稳态与调节（选择性必修课程）。

概念1　生命个体的结构与功能相适应，各结构协调统一共同完成复杂的生命活动，并通过一定的调节机制保持稳态。

1.3.1　概述神经调节的基本方式是反射（可分为条件反射和非条件反射），其结构基础是反射弧。

四、科普性解读

高尔基在细胞生物学和病理学研究方面有重要贡献。他发现了分支细胞，为了纪念他，这种细胞被命名为高基细胞。他正确解释了肾脏结构的特征，发现了各种疟疾原虫的不同之处。他于1872年发明了铬酸盐—渍银神经组织染色法，这为研究中枢神经开辟了道路。显微镜发明后，神经解剖学的一个最重要的进展便是高尔基发明的这种神经组织选择性染色方法，他利用这种方法研究中枢神经系统的精细结构。1879年他将脑切成薄片，用铬酸盐—渍银法染色，在显微镜下看到了神经元和神经胶质细胞，通过系统地观察染色的脑组织切片，就可以确定神经细胞的种种类型，这是神经科学史上的一项重大突破。17年后，经西班牙神经组织学家拉蒙—卡哈尔的改进，高尔基的研究方法引发了神经系统研究领域的一场革命，二人因此获得了1906年的诺贝尔生理学或医学奖。

拉蒙—卡哈尔做了相当多的神经组织形态、神经发育学及神经纤维再生等方面的研究，并获得许多重大发现。他的贡献之一是在中枢神经纤维受损断裂远端发现神经纤维的存在，并认为这些神经纤维可以再生。以此他提出了如果环境适宜，中枢神经纤维受损后可以再生的学说。19世纪80年代他创立神经元理论，指出神经系统，包括中枢和外周神经均由具有特殊结构的神经细胞，通称神经元组成，各个神经元之间有连接点。神经元理论的建立取代了过去不是建立在细胞基础上的网络理论，为研究神经传导奠定了科学基础。拉蒙——卡哈尔穷尽毕生精力，应用并改进了高尔基的铬酸盐—渍银染色法，于1903年建立了还原硝酸银染色法，能显示最细微的神经末梢。他用此法对脊神经在脊髓内的分布做了大量的系统研究，发现神经元与神经元之间没有原生质联系，仅有接触关系。这种两个或多个神经元之间的"接触"，后来被英国学者谢灵顿命名为"突触"。高尔基和拉蒙—卡哈尔先后配合提出了"神经系统是由分开的、边界明确的细胞通过高度有序的、特异的突触联结而成的神经元学说"，为之后对神经系统的功能研究打下坚实的基础，从而共享1906年诺贝尔生理学或医学奖。

五、科学思维（情境与问题）

情境1：神经细胞也叫作神经元，是高等动物神经调节活动的结构和功能的基本单位。神经调节的基本方式是反射，完成反射的结构称为反射弧。神经元接受内外环境的刺激会产生兴奋。在同一个神经元内，兴奋以神经冲动的形式传导。不同神经元之间，兴奋通过突触以神经递质的方式传递。脑和脊髓中有控制机体各种活动的神经中枢，这些神经中枢位于大脑皮层，受相应高级神经中枢的控制。大脑还具有语言、学习和记忆等高级功能。

问题1：反射是神经调节的基本方式，下列关于反射的叙述中，正确的是（　　）。

A. 一些反射可以形成也可以消失，如学生听到上课铃声后急速赶往教室

B. 条件反射一定需要神经中枢参与，非条件反射则不一定

C. 反射弧完整就能完成反射活动

D. 望梅止渴、排尿反射都需要大脑皮层参与才能完成

参考答案：

A。条件反射可以形成也可以消失，如学生听到上课铃声后急速赶往教室，A项正确；无论是条件反射还是非条件反射，都需要神经中枢参与才能完成，B项错误；反射活动的进行除了需要完整的反射弧外，还必须有适宜的刺激，C项错误；望梅止渴是条件反射，需要大脑皮层的参与才能完成，但排尿反射是非条件反射，无须大脑皮层的参与也能完成，D项错误。

情境2：通过学习我们知道，神经调节的反射弧是由感受器、传入神经、神经中枢、传出神经和效应器五部分构成的。各种电子计算机无论大小，其硬件基本上都是由运算器、存储器、输入设备、输出设备和控制器五个部件组成的。除这些相似之处外，电脑和人脑都有储存、检索和处理信息的功能。近些年来，国际上进行了一系列的围棋人机大战和象棋人机大战，最终都是以人工智能获胜而告终。所以在工具功能上，人脑往往自愧不如。

问题2：电脑和人脑的区别还有很多，你能说出电脑与人脑相比较起来明显存在的一些弱点吗？

参考答案：

与人脑比较起来，电脑存在的明显弱点就是它本身没有思维能力，不具备人所具有的智力，它只能依照预定的程序运行，即仍受人类的控制。

对原生动物在致病中的作用的研究

——1907年诺贝尔生理学或医学奖

一、获奖人

夏尔·路易·阿方斯·拉韦朗（Charles Louis Alphonse Laveran，1845年6月18日—1922年5月18日），法国医师。

二、颁奖词或获奖原因

在疟原虫、原虫致病方面的研究和发现。（拉韦朗确定了疟原虫是导致疟疾的直接原因，为此，拉韦朗获得1907年诺贝尔生理学或医学奖；罗斯证明疟疾是由蚊子传播给人的，为此，罗斯获得1902年诺贝尔生理学或医学奖。这两项发现奠定了人类抗击疟疾的基础）

三、课本知识适切点

必修模块1　分子与细胞。

概念1　细胞是生物体结构和生命活动的基本单位。

1.3.2　描述原核细胞与真核细胞的最大区别是原核细胞没有由核膜包被的细胞核。

四、科普性解读

1880年，拉韦朗试着将一位刚刚死亡的疟疾病人的血样制成涂片，放在显微镜下观察，结果他发现血细胞里有一些很可疑的"小虫子"。经过不断的对比研究，他终于发现这种未知的微生物就是疟疾的元凶，并首先将它命名为"疟原虫（Plasmodium）"，之后还详细描述了它的形态和习性。事实上，疟原虫并不是虫子，它是一种微小的原生动物，只由一个细胞组成。拉韦朗的发现挑战了当时科学界的观念，当时的所有人都认为，只有细菌才能使人类生病。正因为如此，疟疾的病因才会显得那么扑朔迷离。一直以来，人们都想方设法从疟疾病人体内找出并不存在的"疟疾细菌"。拉韦朗的发现不仅揭开了疟疾的面纱，还拓展了人类对于"致病微生物"的认识。后来，他再接再厉，找到了原生动物致病的第二个例子：锥虫导致的锥虫病，这个疾病又被称为非洲睡眠症，晚期的病人会出现昏睡症状，最终陷入无法唤醒的昏迷导致死亡。除了发现疟原虫之外，拉韦朗还曾推测蚊子很可能是疟疾的传播媒介，可惜他没能找到支持自己观点的证据，直到1897年，英国医生罗纳德·罗斯（1902年诺贝尔生理学或医学奖获得者）才成功找到疟蚊，证实了当年拉韦朗的假说。

五、科学思维（情境与问题）

情境1：细胞是除病毒以外的生物体结构和功能的基本单位。在种类繁多的生物世界中，根据进化地位、结构的复杂程度等方面的差异，可以将生物分为细胞生物和非细胞生物（病毒）。而细胞又可以分为原核细胞和真核细胞两大类，原核细胞没有典型的细胞核，由原核细胞构成的生物是原核生物；真核细胞有细胞核，由真核细胞构成的生物是真核生物，即两者最主要的区别就是有没有核膜包被的细胞核。

问题1：有关原核细胞与真核细胞的叙述，错误的是（　　　　）。

A. 蓝藻和疟原虫细胞中都含有核糖体

B. 它们的遗传物质都有DNA

C. 最大的区别是原核细胞没有由核膜包被的典型细胞核

D. 原核生物就是原生生物

参考答案：

D。原核生物是由原核细胞组成的生物，包括蓝细菌、细菌、古细菌、放线菌、立克次氏体、螺旋体、支原体和衣原体等，其结构比较简单，没有细胞核且只有核糖体一种细胞器。原生生物大部分都是单细胞生物，属于真核生物，包括最简单的真核生物，疟原虫既是原生生物，也是真核生物。两者都具有细胞结构，遗传物质均为DNA。故A、B、C均正确。

情境2：在这个世界里，生命活动离不开细胞，即使像病毒那样没有细胞结构的生物，也只有依赖活细胞才能生活。例如，人类免疫缺陷病毒（Human Immunodeficiency Virus，HIV），即艾滋病（AIDS，获得性免疫缺陷综合征）病毒感染人体免疫系统的淋巴细胞，引起淋巴细胞大量被破坏，导致人体免疫力降低，病人大多死于其他病原微生物的感染。1981年，人类免疫缺陷病毒在美国首次被发现。它是一种感染人类免疫系统细胞的慢病毒（lentivirus），属逆转录病毒的一种。

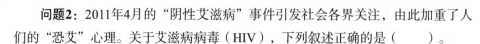

问题2： 2011年4月的"阴性艾滋病"事件引发社会各界关注，由此加重了人们的"恐艾"心理。关于艾滋病病毒（HIV），下列叙述正确的是（　　）。

A. HIV是一种单细胞生物，在分类上属于原核生物

B. 由于HIV体内只有一种细胞器，所以其营寄生生活

C. 获取大量HIV的方法是将其接种在营养物质齐全的培养基上培养

D. HIV的生命活动离不开最基本的生命系统

参考答案：

D。HIV是一种病毒，没有细胞结构，A项错误；HIV体内没有细胞结构，没有细胞器，所以其营寄生生活，B项错误；HIV是高度寄生的生物，只能寄生在活细胞内，不能在培养基上培养，C项错误；HIV生命活动的表现只能在活细胞内，所以离不开最基本的生命系统细胞，D项正确。

免疫学方面的研究

——1908年诺贝尔生理学或医学奖

一、获奖人

埃黎耶·埃黎赫·梅契尼科夫（Илья Ильич Мечников，1845年5月16日—1916年7月16日），出生于乌克兰，俄国微生物学家与免疫学家，免疫系统研究的先驱者之一。

保罗·埃尔利希（Paul Ehrlich，1854年3月14日—1915年8月20日），出生于德国西里西亚的斯特雷伦，科学家，较为著名的研究有血液学、免疫学与化学治疗。

二、颁奖词或获奖原因

在免疫性研究上的工作。（俄国科学家梅契尼科夫的主要贡献是发现了吞噬细胞，建立了细胞免疫的"吞噬学说"；埃尔利希被誉为化学疗法的先驱。两人共同获得1908年诺贝尔生理学或医学奖）

三、课本知识适切点

选择性必修模块1　稳态与调节。

概念1　生命个体的结构与功能相适应，各结构协调统一共同完成复杂的生命活动，并通过一定的调节机制保持稳态。

1.5.1　举例说明免疫细胞、免疫器官和免疫活性物质等免疫调节的结构和物质基础。

四、科普性解读

俄国科学家梅契尼科夫的主要贡献是发现了吞噬细胞，建立了细胞免疫的"吞噬学说"，认为机体中吞噬细胞吞噬异物和抗原是免疫的主要途径。埃尔利希是体液免疫的倡导者。他证实了毒素以及非毒素均能在体内诱发抗体产生，并且抗体能在体外中和相应的诱导原，发生凝集、沉淀等现象。由此认为抗体的形成是机体的一种免疫应答现象，主要是体液中产生了相应抗体，从而确立了体液免疫学说，也给E.A.von Behring抗毒素治疗方法以极为重要的支持，使之合理化。他在1897年发表的关于白喉抗毒素的重要文献中对抗原抗体反应的定量研究，对抗体特异性与化学结构的关系以及补体与抗原抗体复合物结合的本质等理论提出了重要解释，为免疫化学和血清学做出了重要的贡献。

五、科学思维（情境与问题）

情境1：我们存活到成年的原因之一在于细胞毒性T细胞通常能识别和清除癌变或被病原体感染的细胞。但是招募到肿瘤或感染位点中的T细胞长期过于活跃会使得它们不能够清除新的入侵者，即T细胞进入一种被称作"精疲力竭"的细胞状态。幸运的是，癌症研究人员正在开发有效的免疫疗法抵抗T细胞"精疲力竭"和重新激发它们根除病人体内的肿瘤。由此可见，免疫系统除了具有防卫功能之外，还有监控和清除异常细胞（包括癌变细胞）的功能，免疫系统一旦受损就可能引发癌症。

问题1：提高人体的免疫力是治疗人体疾病的有效手段。下列叙述正确的是（　　）。

A. 重新激发"精疲力竭"的T细胞转变为正常的细胞毒性T细胞可能牵涉到基因选择性表达的过程

B. 抵抗T细胞"精疲力竭"状态的发生、激发它们的作用，可以杜绝人体癌症的发生

C. 细胞毒性T细胞因其具有毒性，对生物体有害，机体会主动将其转变为"精疲力竭"的状态

D. 细胞毒性T细胞能分泌大量的溶菌酶来识别和清除癌变的细胞

参考答案：

A。由以上资料可知，利用免疫疗法重新激活"精疲力竭"的T细胞转变为正常的细胞毒性T细胞可能涉及基因选择性表达的过程，A项正确；抵抗T细胞"精疲力竭"状态的发生，使得毒性T细胞能识别和清除癌变的或被病原体感染的细胞，激发其根除病人体内的肿瘤，但不一定能杜绝人体内癌症的发生，B项错误；细胞毒性T细胞"精疲力竭"是由于肿瘤或感染位点中的T细胞长期过于活跃使得其不能清除新的入侵者造成的，C项错误；资料中并没有细胞毒性T细胞能分泌溶菌酶的信息，D项错误。

情境2：吸食毒品会导致人体相关生理功能发生障碍，科学家研究发现毒品

可卡因可对人脑部神经冲动传递造成影响。表1为研究人员对可卡因等阿片类毒品的吸食者进行相关激素及T细胞检测的结果与健康人的对比情况。

组别	促性腺激素（IU/L）	性激素（pg/mL）	T细胞亚群a（%）
健康对照组	4.7	6.5	43.8
吸毒组	1.4	4.1	35.6

问题2：据上述表格分析，吸毒者容易受细菌、病毒感染而患病的原因是什么？

参考答案：

据上述表格分析，吸毒者容易受细菌、病毒感染而患病的原因是T细胞减少导致细胞免疫受损。

甲状腺的生理学、病理学以及外科学上的研究

——1909年诺贝尔生理学或医学奖

一、获奖人

埃米尔·特奥多尔·科赫尔（Emil Theodor Kocher，1841年8月25日—1917年7月27日），瑞士科学家。

二、颁奖词或获奖原因

对甲状腺的生理学、病理学以及外科学的研究。

三、课本知识适切点

选择性必修模块1　稳态与调节。

概念1　生命个体的结构与功能相适应，各结构协调统一共同完成复杂的生命活动，并通过一定的调节机制保持稳态。

1.4.2　举例说明激素通过分级调节、反馈调节等机制维持机体的稳态，如甲状腺激素分泌的调节和血糖平衡调节等。

四、科普性解读

甲状腺是人体最大的内分泌腺体，位于甲状软骨下紧贴在气管第三、四软骨环前面，由两侧叶和峡部组成，平均重量为20~25g，女性略大略重。甲状腺的主要功能是合成甲状腺激素，调节机体代谢，一般人每日食物中约有100~200μg无机碘化合物，经胃肠道吸收进入血液循环，迅速被甲状腺摄取浓缩，腺体中储碘约为全身的1/5。碘化物进入细胞后，经过氧化酶的作用，产生活性碘迅速与胶质腔中的甲状腺球蛋白分子上的酪氨酸基结合，形成一碘酪氨酸（MIT）和二碘酪氨酸（DIT）。碘化酪氨甲状腺后面的酸通过氧化酶的作用，使MIT和DIT偶联结合成甲状腺素（T4），MID和DIT偶联结合成三碘甲状腺原氨酸（T3），储存于胶质腔内。合成的甲状腺素（T4）和三碘甲状腺原氨酸（T3）

分泌至血液循环后，主要与血浆中甲状腺素结合球蛋白（TBG）结合，以利转运和调节血中甲状腺素的浓度。

科赫尔因为对甲状腺的治疗、生理学与病理学研究而获得1909年诺贝尔生理学或医学奖。科赫尔特别以他细致的手术技术而闻名，推动了人们对于卫生和手术中最少失血的了解。他还在手术过程中发明了止血钳（也被称为"科赫尔钳"）。

五、科学思维（情境与问题）

情境1：甲状腺素（T4）在外周组织经脱碘分别形成生物活性较强的T3和无生物活性的rT3。脱下的碘可被重新利用。所以，在甲状腺功能亢进时，血T4、T3及rT3均增高，而在甲状腺功能减退时，则三者均低于正常值。甲状腺素分泌量由垂体细胞分泌和TSH通过腺苷酸环化酶–cAMP系统调节，而TSH则由下丘脑分泌的TRH控制，从而形成下丘脑—垂体—甲状腺轴，分级调节着甲状腺功能。

问题1：下表是某患者血液中激素水平检验报告单的部分内容，据表分析错误的是（　　）。

检验名称	结果	单位	参考范围
甲状腺激素	98.5	pmol/L	9.01~19.5
促甲状腺激素	0.09	pmol/L	0.35~4.94

A. 患者的细胞代谢速率高于正常水平

B. 患者的神经系统的兴奋性较正常人高

C. 患者促甲状腺激素释放激素的含量低于正常水平

D. 患者促甲状腺激素含量较低可能是缺碘造成的

参考答案：

D。表中的甲状腺激素水平远远高于正常值，通过负反馈调节会抑制垂体分泌促甲状腺激素，所以促甲状腺激素的值会低于正常值。据表分析，表中的甲状腺激素水平远远高于正常值，A项正确；甲状腺激素的作用是可以提高神经系统的兴奋性，所以患者神经系统的兴奋性较正常人高，B项正确；当血液中的甲状腺激素含量高于正常值时，通过负反馈调节作用，会抑制下丘脑分泌促甲状腺激素释放激素，故促甲状腺激素释放激素含量低于正常值，C项正确；促甲状腺激素水平较低的原因是垂体受到甲状腺激素的负反馈调节，D项错误。

情境2：人体内血糖浓度的正常范围是$0.8 \sim 1.2 \mathrm{g} \cdot \mathrm{L}^{-1}$，科学家发现过度肥胖的动物往往血糖浓度过高。于是科学家做了这样的实验，给某品系的高血糖肥胖

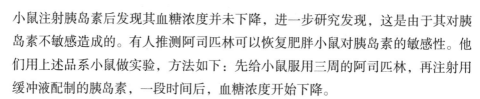

小鼠注射胰岛素后发现其血糖浓度并未下降，进一步研究发现，这是由于其对胰岛素不敏感造成的。有人推测阿司匹林可以恢复肥胖小鼠对胰岛素的敏感性。他们用上述品系小鼠做实验，方法如下：先给小鼠服用三周的阿司匹林，再注射用缓冲液配制的胰岛素，一段时间后，血糖浓度开始下降。

问题2：实验还需要一个对照组，以下设置最合理的是（　　　）。

A.给小鼠服用三周阿司匹林，在停药一段时间后，测定血糖浓度

B.既不给小鼠服用阿司匹林，也不注射胰岛素，三周后测定血糖浓度

C.给小鼠服用阿司匹林的同时注射胰岛素，三周后测定血糖浓度

D.给小鼠服用三周阿司匹林后，注射等量缓冲液，一段时间后测定血糖浓度

参考答案：

D。根据情境2中"过度肥胖的动物往往血糖过高，给老鼠注射胰岛素后，发现血糖浓度并未下降"，说明胰岛素对过度肥胖的动物不能起到降低血糖的作用。该实验的目的是证明"阿司匹林可能对降低肥胖动物血糖浓度有效"，根据实验设计时要遵循单一变量原则和对照原则，实验组先给老鼠服用三周的阿司匹林后再注射胰岛素，一段时间后，血糖浓度开始下降；对照组应该给老鼠服用三周的阿司匹林后，注射等量的生理盐水，一段时间后测试血糖浓度。

有关蛋白质、核酸方面的研究

——1910年诺贝尔生理学或医学奖

一、获奖人

阿尔布雷希特·科塞尔（Ludwig Karl Martin Leonhard Albrecht Kossel，1853年9月16日—1927年7月5日），出生于德国罗斯托克城，生化学家。

二、颁奖词或获奖原因

通过对包括细胞核物质在内的蛋白质的研究，为了解细胞化学做出了贡献。

三、课本知识适切点

必修模块1　分子与细胞。

概念1　细胞是生物体结构与生命活动的基本单位。

1.1.6　阐明蛋白质通常由20种氨基酸分子组成，它的功能取决于氨基酸序列及其形成的空间结构，细胞的功能主要由蛋白质完成。

1.1.7　概述核酸由核苷酸聚合而成，是储存与传递遗传信息的生物大分子。

四、科普性解读

科塞尔毕生从事生理化学研究，特别是组织及细胞化学的研究。他是生化学这门独立学科的创始人之一。科塞尔发现核素是蛋白质和核酸的复合物，他小心地水解核酸，得到了组成核酸的基本成分：鸟嘌呤、腺嘌呤、胸腺嘧啶和胞嘧啶，还有些具有糖类性质的物质和磷酸。在消化生物化学方面，他发现了白蛋白能分解成蛋白栋，而且在胰蛋白酶的作用下，蛋白栋产生多肽，这些物质都是由氨基酸构成的，也是他介绍了氨基酸是蛋白质的基本结构的概念，如图1、图2所示。

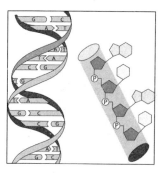

图1　DNA组成图

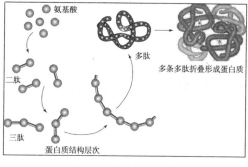

图2　氨基酸与蛋白质

五、科学思维（情境与问题）

情境1： 通过学习我们知道，核酸是细胞内携带遗传信息的物质，在生物体的遗传、变异和蛋白质的生物合成中具有极其重要的作用。而在现实生活中，随着生活水平的提高，人们对营养保健品日益关注。一些厂家看准了这个市场，现在连核酸保健品都上市了。某些媒体广告中对核酸保健品的虚假宣传甚至起到了推波助澜的作用。

问题1： 结合自己已有的知识，对核酸保健品的功效做一个评价。如果你是一个投资者，会将资金投入核酸保健品的开发中吗？为什么？

参考答案：

我们每天所吃的食物中含有大量核酸，食物中的核酸经过一系列消化、降解产生的嘌呤碱基被吸收后，大部分在肝脏被降解为尿酸，送至肾脏，排入尿中。因此，食物中核酸过多会加重肝脏的负担。如果血液中的尿酸过多，会在关节滑液中析出，引起关节炎，即所谓"痛风"，让患者苦不堪言。因此，如果吃太多的核酸，不仅对身体没有好处，还有害处。核酸保健品的功效只不过是商业广告吹嘘的结果。这种行业前景注定黯淡，精明的投资者怎能投资呢。

情境2： 酶是一类具有生物催化作用的有机化合物，就其化学本质而言，到目前为止，人们所发现的酶主要有蛋白质和RNA两大类，人的消化道里存在各种消化酶，如唾液中含有唾液淀粉酶、胃液中的胃蛋白酶、小肠中的麦芽糖酶等。

问题2： 有人说"人的唾液淀粉酶的化学本质是蛋白质"。为了证明这一假说，请你设计一个实验并说出你的实验思路。

参考答案：

依次取等量的人唾液和稀释后的鸡蛋清（主要成分是蛋白质）置于A、B试管中，用双缩脲试剂进行鉴定。如果A、B两支试管均出现紫色，则证明人的唾液淀粉酶的化学本质是蛋白质；否则不是。

关于眼睛屈光学

——1911年诺贝尔生理学或医学奖

一、获奖人

阿尔瓦·古尔斯特兰德，1862年6月5日出生于瑞典兰斯克鲁纳，1930年7月21日卒于斯德哥尔摩。从事眼科临床和教学以及物理光学、生理光学研究，曾任瑞典科学院诺贝尔物理学委员会委员。

二、颁奖词或获奖原因

他在眼睛屈光学方面有杰出成就。经过20多年百折不挠的研究，搞清了光线从空气通过角膜、水晶体等几种折光指数不同的媒介而在视网膜上成像的原理，阐明了近视调节的机理，归纳出光学成像的一般定理，从理论到实践，对几何光学、生理光学和眼科学都有划时代的贡献。

三、课本知识适切点

必修模块1　分子与细胞。

概念1　细胞是生物体结构与生命活动的基本单位。

1.3　各种细胞具有相似的基本结构，但在形态与功能上有所差异。

1.3.1　说明有些生物体只有一个细胞，而有的则由很多细胞构成。这些细胞形态和功能多样，但都具有相似的基本结构。

四、科普性解读

正视眼是当调节静止时，从无限远处物体发出的平行光线经眼的屈光系统屈折后形成焦点在视网膜上，因此能看远清楚；而近处物体所发出的光线为散开光线，如果人眼的屈光系统的屈光力不改变，势必结像于视网膜后，即看近不清。但对于正视眼的人来说，看近清楚，也就意味着我们视远和视近时的屈光力不同。通过研究我们发现人眼在看近处物体时，屈光力增加，这种人眼自动改变晶状体曲率以增加眼的屈光力使近距离物体仍能成像在视网膜上以达到明视的作用称为眼的调节。

五、科学思维（主题、情境与问题）

主题：光学显微镜的发明。

情境：最早的显微镜是16世纪末期在荷兰制造出来的。发明者是亚斯·詹森，荷兰眼镜商，或者另一位荷兰科学家汉斯·利珀希，他们用两片透镜制作了简易的显微镜，但并没有用这些仪器做过任何重要的观察。

后来有两个人开始在科学上使用显微镜。第一个是意大利科学家伽利略。他通过显微镜观察到一种昆虫后，第一次对它的复眼进行了描述。第二个是荷兰亚麻织品商人列文虎克（1632—1723），他自己学会了磨制透镜。他第一次描述了许多肉眼所看不见的微小植物和动物。

问题：光学显微镜和电子显微镜有什么区别？

参考答案：

电子显微镜是以电子束为照明源，通过电子流对样品的透射或反射及电磁透镜的多级放大后在荧光屏上成像的大型仪器。光学显微镜则是利用可见光照明，将微小物体形成放大影像的光学仪器。

有关血管缝合以及脏器移植

——1912年诺贝尔生理学或医学奖

一、获奖人

亚历克西·卡雷尔（1873年6月28日—1944年11月5日），1889年获得里昂大学文学学士学位，1890年获得理学学士学位。到乡间担任了一个时期的中学教师后，返回里昂大学进修医学，1900年取得医学博士学位。毕业后留在母校担任解剖学及外科手术的教学工作。

二、颁奖词或获奖原因

发现一种缝合血管的方法和在组织培养上的杰出贡献。

三、课本知识适切点

选择性必修模块3　生物技术与工程。

概念4　细胞工程通过细胞水平上的操作，获得有用的生物体或其产品。

4.2　动物细胞工程包括细胞培养、核移植、细胞融合和干细胞的应用等技术。

四、科普性解读

从动物体内取出组织，分离出单细胞，在体外模拟机体内的生理条件，建立无菌、适温和一定的营养环境，使之生长和生存，并维持其结构和功能的技术，称为动物细胞体外培养。

组成人及哺乳类动物体的细胞具有极其复杂的结构和功能。细胞在机体内生长时相互依赖、相互制约，在神经体液的调节下形成了一种天然的内环境，在体外生长时则脱离了这些内平衡系统，与体内细胞相比是完全不相同的。体外生长时，细胞从形态上也发生了变化。

五、科学思维（主题、情境与问题）

主题：什么是海拉细胞？

情境：海拉细胞是源自一位美国黑人妇女海瑞塔·拉克斯（Henrietta Lacks）的宫颈癌细胞的细胞系。一位外科医生从她的肿瘤上取下组织样本，并在实验室中进行培养，至今仍被不间断地培养。这名美国妇女在1951年死于该癌症。不同于其他一般的人类细胞，此细胞株不会衰老致死，并可以无限分裂下去。此细胞系跟其他癌细胞系相比，增殖异常迅速。这种人工培养、具有无限增殖能力的细胞，自诞生以来到2019年已经有68年了。在医学界，海拉细胞被广泛应用于肿瘤研究、生物实验或者细胞培养，已经成为医学研究中非常重要的工具。

问题：海拉细胞是海拉本人的体细胞吗？

参考答案：

不是，海拉细胞是海拉本人的体细胞癌变而来。它除了仍具有来源细胞的某些特性外，还表现出癌细胞的特性，如在适宜条件下，能无限增殖，细胞间的黏着性降低，在体内容易分散和转移等。

有关抗原过敏的研究

——1913年诺贝尔生理学或医学奖

一、获奖人

夏尔·罗贝尔·里歇特（1850年8月25日—1935年12月4日），出生于法国，1878年成为巴黎大学的生理学教授，并且在1898年成为法国医学学会（Acadé mie de Médecine）的成员。1914年，他成为法国科学院（Académiedes Sciences）的成员。里歇特还是诗人、小说家、戏曲家和飞行家，发表过不少文学作品。

二、颁奖词或获奖原因

在医学研究方面范围很广，包括生理学、生化学、病理学、药理学、精神病学、心理学、细菌学和医药统计学等。最重要的成果是血清疗法和发现了过敏性。1890年他把对动物注射血清产生免疫的试验运用到人的结核病上，第一次对人体进行血清疗法并取得成功。同年，他在对狗进行注射毒素免疫试验时发现了过敏性，这一试验证明了过敏症乃是免疫的转变现象，从而使不少疑难杂症得到了合理的解释，找到了正确的根据。此外，他还研究证明了在不同的气温下呼吸数的变化和发抖是恒温动物的体温调节机制。他还发现胃酸就是盐酸。

三、课本知识适切点

选择性必修模块1　稳态与调节。

概念1　生命个体的结构与功能相适应，各结构协调统一共同完成复杂的生命活动，并通过一定的调节机制保持稳态。

1.5　免疫系统能够抵御病原体的侵袭，识别并清除机体内衰老、死亡或异常的细胞，实现机体稳态。

1.5.4　举例说明免疫功能异常可能引发疾病，如过敏、自身免疫病、艾滋病和先天性免疫缺陷病等。

四、科普性解读

过敏反应是指已产生免疫的机体在再次接受相同抗原刺激时所发生的组织损伤或功能紊乱的反应。反应的特点是发作迅速、反应强烈、消退较快；一般不会破坏组织细胞，也不会引起组织严重损伤，有明显的遗传倾向和个体差异。过敏常常发生在一部分相对固定的人群中，因为过敏体质属于先天免疫功能异常，往往由遗传而来，也就是说，具有这种体质的人，发生过敏反应的可能将伴随终身。

当然，具有过敏体质的人并非一定会发生过敏反应，这是由过敏发生的机制决定的。当具有过敏体质的人首次接触到致敏原（抗原）后，机体并不会产生过敏的症状，但是体内浆细胞便会产出一种相应的特异性抗体，当这种特异性抗体积累到一定数量时，如果再次接触到这种抗原，特异性抗体便会与其相结合，使机体介质细胞脱颗粒，释放多种介质，从而产生一系列过敏症状。可见，过敏的发生有一个条件，就是必须多次接触同种过敏原。

过敏反应发生的机理是一个复杂和抽象的过程，将I型过敏反应发生的机制划分为三个阶段。

（1）致敏阶段：过敏原进入机体后可选择诱导过敏原特异性B细胞产生抗体应答，此类抗体与肥大细胞和嗜碱性粒细胞（教材上所说的皮肤、呼吸道或消化道黏膜以及血液中的某些细胞，其中肥大细胞分布于皮下小血管周围的结缔组织中和黏膜下层，而嗜碱性粒细胞主要分布于外周血中）的表面相结合，而使机体处于对该过敏原的致敏状态。通常这种致敏状态可维持数月或更长，如果长期不接触该过敏原，致敏状态可自行逐渐消失。

（2）激发阶段：指相同的过敏原再次进入机体时，通过与致敏的肥大细胞和嗜碱性粒细胞表面的抗体特异性结合，使这种细胞释放生物活性介质的阶段。在这个阶段中，释放的生物活性介质除了组织胺以外，还可以是前列腺素D、白三烯、血小板活化因子等，但它们的作用都相似，都可引起平滑肌收缩，毛细血管扩大和通透性增强，腺体分泌物增多。

（3）效应阶段：指生物活性介质作用于效应组织和器官，引起局部或全身过敏反应的阶段。根据反应发生的快慢和持续的时间长短，可分为早期相反应和晚期相反应两种类型。早期相反应主要由组织胺引起，通常在接触过敏原数秒钟内发生，可持续数小时；晚期相反应由白三烯、血小板活化因子等引起，在过敏原刺激后6～12h发生反应，可持续数天。诱发过敏反应的抗原称为过敏原。过敏原是过敏发生的必要条件。引起过敏反应的抗原物质常见的有2000～3000种。

五、科学思维（主题、情境与问题）

主题：什么是过敏性鼻炎？

情境：过敏性鼻炎即变应性鼻炎，是指特应性个体接触变应原后，主要由IgE介导的介质（主要是组胺）释放，并有多种免疫活性细胞和细胞因子等参与的鼻黏膜非感染性炎性疾病。过敏性鼻炎的典型症状主要是阵发性喷嚏、清水样鼻涕、鼻塞和鼻痒。部分伴有嗅觉减退。其发生的必要条件有三个：特异性抗原即引起机体免疫反应的物质，特应性个体即所谓个体差异、过敏体质，特异性抗原与特应性个体二者相遇。变应性鼻炎是一个全球性健康问题，可导致许多疾病和劳动力丧失。

问题：根据过敏性鼻炎的发病机理，你觉得有效的治疗方法是什么？

参考答案：

根据过敏性鼻炎产生的机理，避免接触过敏原是治疗过敏性鼻炎的有效方法。

有关内耳前庭装置生理学与病理学方面的研究

——1914年诺贝尔生理学或医学奖

一、获奖人

罗伯特·巴拉尼，出生于1876年4月22日，是一位在奥地利出生的匈牙利裔犹太人。第一次世界大战（1914—1918）期间，巴拉尼做了一名军医，他改进了治疗头部创伤的外科步骤。1915年4月，巴拉尼被俄国人抓住，当他得知自己获得诺贝尔生理学或医学奖的消息时，他还被关在一所战俘集中营里。

二、颁奖词或获奖原因

研究了脑和耳在人体平衡中所起的作用，设计了一些简单的方法来诊断内耳中用于控制平衡的前庭器官的问题。内耳中的半规管可以通过用冷热水交替冲洗耳部的方法来检测，这种方法被称为巴拉尼热反应。在他事业的晚期，他还研究了内耳和神经系统是如何协同工作来保持身体平衡和协调的。

三、课本知识适切点

选择性必修模块2　生物与环境。

概念2　生态系统中的各种成分相互影响，共同实现系统的物质循环、能量流动和信息传递，生态系统通过自我调节保持相对稳定的状态。

2.2　生物群落与非生物的环境因素相互作用形成多样化的生态系统，完成物质循环、能量流动和信息传递。

2.2.7　举例说出生态系统中物理、化学和行为信息的传递对生命活动的正常进行、生物种群的繁衍和种间关系的调节起着重要作用。

四、科普性解读

耳是听觉和平衡感受器的末梢器官。

外耳、中耳具有传导声音的作用，称为导音系统，内耳有听觉、位觉（平衡觉）的感受装置，如图1所示。

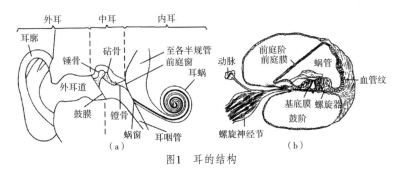

图1 耳的结构

听觉一般特性：人耳能感觉到的声波频率在20～20000Hz，对1000～3000Hz频率最敏感。声音必须达到一定强度才能引起听觉，能引起听觉的最小声强称为听阈。当声压强度增加超过一定强度时，人耳会产生痛觉，这一声音强度称为感觉阈或痛阈。

五、科学思维（主题、情境与问题）

主题：蝙蝠是如何听声定位的？

情境：蝙蝠分辨声音的本领很高，其耳内具有超声波定位的结构。蝙蝠是唯一能真正飞行的哺乳动物，非常适合在黑暗中生活，它的眼睛几乎不起作用，它通过发射超声波并根据其反射的回音辨别物体。蝙蝠飞行的时候由口和鼻发出一种人类听不到的超声波，超声波遇到昆虫后会反弹回来。蝙蝠用耳朵接收后，就会知道猎物的具体位置，从而前往捕捉。它能听到的声音频率可达300千赫/秒，而人类则一般在14千赫/秒以下。

几乎所有蝙蝠均于白天栖息，夜晚觅食。这种习性便于它们侵袭入睡的猎物，而自己不受其他动物或高温阳光的伤害。蝙蝠通常喜欢栖息于孤立的地方，如山洞、缝隙、地洞或建筑物内，也有栖于树上、岩石上的。它们总是倒挂着休息，一般聚成群体，从几十只到几十万只。具有回声定位能力的蝙蝠，能产生短促而频率高的声脉冲，这些声波遇到附近物体便反射回来。蝙蝠听到反射回来的声波，便能够确定猎物及障碍物的位置和大小。这种本领求高度灵敏的耳和发声中枢与听觉中枢的紧密结合。蝙蝠个体之间也可能用声脉冲的方式交流。

问题：蝙蝠利用自身发出的声波进行定位、觅食等工作，它发出的声波属于（　　　）。

A.物理信息　　　　B.化学信息　　　C.行为信息　　　D.其他信息

参考答案：

A。

有关免疫方面的一系列发现

——1919年诺贝尔生理学或医学奖

一、获奖人

朱尔·博尔代，出生于1870年6月13日，出生在距离比利时首都布鲁塞尔40千米的一个小城镇。生在教师家庭的博尔代从小就是优等生，10岁那年他就跳级上了中学。这所当时名为"布鲁塞尔皇家雅典娜"的学校现在已经以博尔代的名字命名了。22岁那年，博尔代在布鲁塞尔自由大学拿到了最高的博士学位，和比他年长两岁的哥哥查尔斯（Charles Bordet）一起毕业，并成为一名医生。

二、颁奖词或获奖原因

在免疫方面的一系列发现。

三、课本知识适切点

选择性必修模块1　稳态与调节。

概念1　生命个体的结构与功能相适应，各结构协调统一共同完成复杂的生命活动，并通过一定的调节机制保持稳态。

1.5　免疫系统能够抵御病原体的侵袭，识别并清除机体内衰老、死亡或异常的细胞，实现机体稳态。

四、科普性解读

免疫系统具有免疫监视、防御、调控的作用。这个系统由免疫器官（骨髓、脾脏、淋巴结、扁桃体、小肠集合淋巴结、阑尾、胸腺等）、免疫细胞［淋巴细胞、单核吞噬细胞、中性粒细胞、嗜碱粒细胞、嗜酸粒细胞、肥大细胞、血小板（因为血小板里有IgG）等］以及免疫活性物质（抗体、溶菌酶、补体、免疫球蛋白、干扰素、白细胞介素、肿瘤坏死因子等）组成。免疫系统分为固有免疫（又称非特异性免疫）和适应免疫（又称特异性免疫），其中适应免疫又分为体液免疫和细胞免疫。

五、科学思维（主题、情境与问题）

主题：免疫系统是怎样运行的？

情境：正常人体的血液、组织液、分泌液等体液中含有多种具有杀伤或抑制病原体功能的物质，主要有补体、溶菌酶、防御素、乙型溶素、吞噬细胞杀菌素、组蛋白、正常调理素等。这些物质直接杀伤病原体的作用不如吞噬细胞强大，往往只是配合其他抗生素发挥作用。

当病菌、病毒等致病微生物进入人体后，免疫系统中的巨噬细胞首先发起进攻，将它们吞噬到"肚子"里，然后通过酶的作用，把它们分解成一个个片段，并将这些微生物的片段显现在巨噬细胞的表面，成为抗原，表示自己已经吞噬过入侵的病菌，并让免疫系统中的T细胞知道。

T细胞与巨噬细胞表面的微生物片段，或者说微生物的抗原，连接相遇后如同原配的锁和钥匙一样，马上发生反应。这时，巨噬细胞便会产生出一种淋巴因子的物质，它最大的作用就是激活T细胞。T细胞一旦"醒来"，便立即向整个免疫系统发出"警报"，报告有"敌人"入侵的消息。这时，免疫系统会出动一种杀伤性T淋巴细胞，并由它发出专门的B淋巴细胞，最后通过B淋巴细胞产生专一的抗体。

杀伤性T淋巴细胞能够找到那些已经被感染的人体细胞，一旦找到之后便像杀手那样将这些受感染的细胞摧毁掉，防止致病微生物的进一步繁殖。在摧毁受感染的细胞的同时，B淋巴细胞产生的抗体，与细胞内的致病微生物结合使之失去致病作用。

通过以上一系列复杂的过程，免疫系统终于保卫住了我们的身体。当第一次的感染被抑制住以后，免疫系统会把防御这种致病微生物的所有过程具体地记录下来。如果人体再次受到同样的致病微生物入侵，免疫系统已经清楚地知道该怎样对付它们，并能够很容易、很准确、很迅速地做出反应，将入侵之敌消灭掉。

问题：T淋巴细胞在免疫中的作用是什么？

参考答案：

T淋巴细胞在体液免疫中的作用：大部分抗原要经过T淋巴细胞的呈递作用，即呈递抗原给B淋巴细胞，同时释放淋巴因子，增强B淋巴细胞的免疫效应。T淋巴细胞在细胞免疫中的作用：细胞免疫发挥主要作用的淋巴细胞，受抗原刺激后大部分增殖分化为效应T细胞，少部分增殖分化为记忆T细胞。

有关体液和神经因素对毛细血管
运动机理的调节

——1920年诺贝尔生理学或医学奖

一、获奖人

奥古斯特·克罗，出生于1874年11月15日，是一位拥有罗姆人血统的丹麦人。1897年进入波尔的生理实验室，1904年，奥古斯特和波尔两人共同发表了一篇文章，阐明了二氧化碳及低pH会影响血红蛋白与氧气的亲和力，促使血红蛋白释放氧气。这篇文章充分解释了血液将氧气输送至全身组织的方法，意义非常重大。后来，这个发现被命名为"波尔效应"。

二、颁奖词或获奖原因

发现了有关体液和神经因素对毛细血管运动机理的调节。

三、课本知识适切点

选择性必修模块1　稳态与调节。

概念1　生命个体的结构与功能相适应，各结构协调统一共同完成复杂的生命活动，并通过一定的调节机制保持稳态。

1.1　内环境为机体细胞提供适宜的生存环境，机体细胞通过内环境与外环境进行物质交换。

四、科普性解读

毛细血管是分布在各器官的组织和细胞间的最微细的血管，其运动调节机制是由丹麦生理学家克罗首先发现的。克罗就学于哥本哈根大学医学院，1903年获博士学位，后任哥本哈根大学教授。早年主要研究呼吸和循环生理学，发现肺泡内氧气以分子弥散方式进入氧气较低的血液中，提出气体交换机理中的弥散论。

后来在研究肌肉供氧问题时，经过反复实验，发现肌肉静息时，只有很少毛细血管开放，而部分关闭呈苍白色；当肌肉收缩时，则大量毛细血管扩张，因充血而变红。进而又发现，同一条微动脉分支的一组毛细血管并不是以同样方式同时活动的。这就说明，毛细血管个别活动不可能由同一条微动脉的血压变化引起，而是通过体液和神经因素对毛细血管运动机理进行调节的。

五、科学思维（主题、情境与问题）

主题：什么是人体的内环境？

情境：人体的一切生命活动都是在一定环境条件中进行的。人体生存所处的自然界叫作外环境。体内的绝大多数细胞并不与外环境直接接触，而是浸浴和生存在细胞外液之中，细胞代谢所需氧气的摄取和二氧化碳的排除，营养物质的摄取和代谢产物的排出，都必须通过细胞外液进行。所以，细胞外液是人体细胞直接生活的体内环境，是人体的内环境。它主要由血浆和组织液组成。血浆是血细胞的内环境，也是沟通各部分组织液及外环境进行物质交换的场所。组织液是其他大部分细胞的内环境。

问题：内环境在人体细胞和外环境进行物质交换的过程中起什么作用？

参考答案：

内环境是人体细胞和外环境进行物质交换的媒介。

有关肌肉能量代谢和物质代谢问题的研究

——1922年诺贝尔生理学或医学奖

一、获奖人

阿奇博尔德·希尔，出生于1886年9月26日，英国生理学家。希尔对神经的物理特性做了细致的研究，被认为是生物物理学的创始人之一。

奥托·迈尔霍夫，出生于1884年4月12日，生于汉诺威一个犹太家庭，大学就读于斯特拉斯堡大学与海德堡大学，1909年毕业，1912年进入基尔大学任教，并在1918年成为教授。1951年病逝于费城。

二、颁奖词或获奖原因

有关肌肉能量代谢和物质代谢问题的研究与肌肉中氧消耗和乳酸代谢问题的研究。

三、课本知识适切点

必修模块1　分子与细胞。

概念2　细胞的生存需要能量和营养物质，并通过分裂实现增殖。

2.2　细胞的功能绝大多数基于化学反应，这些反应发生在细胞的特定区域。

2.2.4　说明生物通过细胞呼吸将储存在有机分子中的能量转化为生命活动可以利用的能量。

四、科普性解读

物质代谢可分为三个阶段。

1. 消化吸收

食物的营养成分，除水、无机盐、维生素和单糖等小分子物质可被机体直接吸收之外，多糖、蛋白质、脂类及核酸等都须经消化，分解成比较简单的水溶性物质，才能被吸收到体内。食物在消化道内经过酶的催化进行水解叫作消化；各种营养物质的消化产物、水、维生素和无机盐，经肠黏膜细胞进入小肠绒毛的毛细血管和淋巴管的过程叫作吸收。

2. 中间代谢

食物经消化吸收后，由血液及淋巴液运送到各组织中参加代谢，在许多相互配合的各种酶类催化下进行分解和合成代谢，从而进行细胞内外物质交换和能量转化。

3. 排泄

物质经过中间代谢过程产生多种终产物，这些终产物再经肾、肠、肝及肺等器官随尿、粪便、胆汁及呼气等排出体外。

4. 最终产物

这一系列的化学反应依次衔接起来，就称为代谢途径。总之，物质代谢就是生物体在其生命过程中从其周围环境中取得物质，在体内通过各种代谢途径，最后将其转变为最终产物，又交回环境的过程。

五、科学思维（主题、情境与问题）

主题： 三大营养物质之间是如何转化的?

情境： 营养物质间的转化代谢关系。

1. 蛋白质与脂肪之间的转化代谢关系

正常情况下，人体的蛋白质不会转化为脂肪，但在机体能量供应不足或病理情况下，蛋白质中的氨基酸在分解代谢过程中，有些中间产物在相关酶的作用下，合成丙酮酸，再转化成合成脂肪的原料，继而合成脂肪。

但是，在人体内脂肪转变为氨基酸的数量极为有限，仅其水解产物甘油可通过特殊的代谢途径生成一些代谢中间产物，进而转变为某些非必需氨基酸。

2. 糖类与脂肪之间的转化代谢关系

人体细胞内，糖转变成脂质是通过糖分解代谢产物乙酰辅酶A合成脂肪酸进而大量合成脂肪。然而，脂肪转变为糖较为困难并且数量有限。因为人体内的乙酰辅酶A不能直接生成丙酮酸，只有脂肪的分解产物——甘油经过肝、肾等组织中的甘油激酶催化形成α-磷酸甘油后，再通过糖异生途径生成糖。

3. 糖类与蛋白质之间的转化代谢关系

组成蛋白质的20种氨基酸大多可通过脱氨基作用形成相应的α-酮酸，如丙酮酸、α-酮戊二酸等中间代谢产物，然后循糖异生途径转变为糖。反之，糖代谢的中间产物，如草酰乙酸可以氨基化生成氨基酸，但也只能合成12种非必需氨基酸，其余8种必需氨基酸不能在人体内合成，必须从食物中获取。

综上所述，三大营养物质可以通过共同的中间代谢产物，如某些 α-酮酸、乙酰辅酶A等，使不同代谢途径相互沟通。由于代谢途径并非完全不可逆，除少数必需脂肪酸、必需氨基酸外，糖、脂质及氨基酸大多数可以相互转变。

问题：有些人说只要我不吃肥肉就不会长胖，这种说法对吗？

参考答案：

不对。因为就算不直接摄入脂肪，在某些条件下，其他营养物质如糖类和蛋白质也会通过一定途径转化为脂肪。

胰岛素的发现

——1923年诺贝尔生理学或医学奖

一、获奖人

弗雷德里克·格兰特·班廷，1891年11月14日生于加拿大安大略省阿利斯顿，与C.H.贝斯特等一同从动物胰腺中提得可供临床应用的胰岛素，为临床治疗糖尿病做出贡献。1941年2月21日因飞机失事遇难。

约翰·麦克劳德，1876年9月6日生于英国苏格兰。在研究糖代谢方面取得了优秀成绩。（有资料显示，约翰·麦克劳德完全没有参加任何有关胰岛素的实验，全部研究工作都是由弗雷德里克·格兰特·班廷及其伙伴贝斯特完成的，他仅仅作为实验机构负责人署名）1935年逝世。

二、颁奖词或获奖原因

发现胰岛素。

三、课本知识适切点

选择性必修模块1　稳态与调节。

概念1　生命个体的结构与功能相适应，各结构协调统一共同完成复杂的生命活动，并通过一定的调节机制保持稳态。

1.4　内分泌系统产生的多种类型的激素，通过体液传送而发挥调节作用，实现机体稳态。

1.4.1　说出人体内分泌系统主要由内分泌腺组成，包括垂体、甲状腺、胸腺、肾上腺、胰岛和性腺等多种腺体，它们分泌的各类激素参与生命活动的调节。

1.4.2　举例说明激素通过分级调节、反馈调节等机制维持机体的稳态，如甲状腺激素分泌的调节和血糖平衡的调节等。

四、科普性解读

胰岛素是由胰脏内的胰岛 β 细胞受内源性或外源性物质如葡萄糖、乳糖、核糖、精氨酸、胰高血糖素等的刺激而分泌的一种蛋白质激素。胰岛素是机体内唯一降低血糖的激素，同时促进糖原、脂肪、蛋白质合成。外源性胰岛素主要用来治疗糖尿病。

1. 药理作用

治疗糖尿病、消耗性疾病。促进血循环中葡萄糖进入肝细胞、肌细胞、脂肪细胞及其他组织细胞合成糖原，使血糖降低，促进脂肪及蛋白质的合成。

2. 生理作用

胰岛素的主要生理作用是调节代谢过程。对糖代谢：促进组织细胞对葡萄糖的摄取和利用，促进糖原合成，抑制糖异生，使血糖降低；对脂肪代谢：促进脂肪酸的合成和脂肪的储存，减少脂肪分解；对蛋白质：促进氨基酸进入细胞，促进蛋白质合成的各个环节以增加蛋白质合成。总的作用是促进合成代谢。胰岛素是机体内唯一降低血糖的激素，也是唯一同时促进糖原、脂肪、蛋白质合成的激素。作用机理属于受体酪氨酸激酶机制。

3. 适应证

Ⅰ型糖尿病患者，由于自身胰岛 β 细胞功能受损，胰岛素分泌绝对不足，在发病时就需要胰岛素治疗，而且需终生胰岛素替代治疗以维持生活和生命。约占糖尿病患者总人数的5%。Ⅱ型糖尿病患者，在生活方式和口服降糖药联合治疗的基础上，如果血糖仍然未达到控制目标，即可开始口服药物和胰岛素的联合治疗。一般经过较大剂量多种口服药物联合治疗后HbA1c仍大于7.0%时，就可以考虑启动胰岛素治疗。新发病且与Ⅰ型糖尿病鉴别困难的消瘦糖尿病患者，在糖尿病病程中（包括新诊断的Ⅱ型糖尿病患者），出现无明显诱因的体重下降时，应该尽早使用胰岛素治疗。对于血糖较高的初发Ⅱ型糖尿病患者，口服药物很难使血糖得到满意的控制，而高血糖毒性的迅速缓解可以部分减轻胰岛素抵抗和逆转 β 细胞功能，故新诊断的Ⅱ型糖尿病伴有明显高血糖时可以使用胰岛素强化治疗。还有一些特殊情况下也须应用胰岛素治疗：围手术期；出现严重的急性并发症或应激状态时需临时使用胰岛素度过危险期，如糖尿病酮症酸中毒、高渗性高血糖状态、乳酸酸中毒、感染等；出现严重慢性并发症，如糖尿病足、重症糖尿病肾病等；合并一些严重的疾病，如冠心病、脑血管病、血液病、肝病等；妊娠糖尿病及糖尿病合并妊娠的妇女，妊娠期、分娩前后、哺乳期，如血糖不能单用饮食控制达到要求目标值时，需用胰岛素治疗，禁用口服降糖药。

五、科学思维（主题、情境与问题）

主题：血糖是如何调节的？

情境：血糖调节的方式。

体液调节：体内血糖的产生和利用，受胰岛素（insulin）和胰高血糖素（glucagon）等激素的调节。胰岛素由胰岛B细胞分泌，它一方面能促进血糖合成糖原，加速血糖的氧化分解并促进血糖转变成脂肪等非糖物质；另一方面又能抑制肝糖原的分解和非糖物质转化为葡萄糖。通过这两个方面的作用，使血糖含量降低。胰高血糖素由胰岛A细胞分泌，主要作用于肝脏，促进肝糖原分解进入血液，促进脂肪酸和氨基酸等非糖物质转化为葡萄糖，最终使血糖含量升高。正常机体的血糖含量主要是在这两种激素的协调作用下维持相对稳定的状态。

另外，一些其他激素也可以影响血糖的含量，如肾上腺素、肾上腺糖皮质激素、甲状腺激素、生长激素等均有提高血糖的功能。

神经调节：人体血糖的调节以体液的调节为主，同时又受到神经的调节。当血糖含量升高的时候，下丘脑的相关区域兴奋，通过副交感神经直接刺激胰岛B细胞释放胰岛素，并同时抑制胰岛A细胞分泌胰高血糖素，从而使血糖降低。当血糖含量降低时，下丘脑的另一区域兴奋，通过交感神经作用于胰岛A细胞，并促进胰岛A细胞分泌胰高血糖素，使得血糖含量上升。另外，神经系统还通过控制甲状腺和肾上腺的分泌活动来调节血糖含量。

问题：下列关于人体血糖平衡调节的叙述中，不正确的是（　　　）。

A. 血糖平衡的调节是在神经、激素的共同调节作用下完成的

B. 甲状腺激素促进糖的氧化，因而起到降低血糖的作用

C. 胰岛素和胰高血糖素在血糖平衡调节过程中起拮抗作用

D. 血糖平衡的调节中枢在下丘脑

参考答案：

B。

心电图机理的研究

——1924年诺贝尔生理学或医学奖

一、获奖人

威廉·埃因托芬，1860年5月21日生于当时属于荷兰的爪哇岛三宝珑。1903年发明了最早的心电图与量测装置，并因此在1924年获得诺贝尔生理学或医学奖。1927年逝世于荷兰莱顿（Leiden）。

二、颁奖词或获奖原因

发现心电图机理。

三、课本知识适切点

选择性必修模块1　稳态与调节。

概念1　生命个体的结构与功能相适应，各结构协调统一共同完成复杂的生命活动，并通过一定的调节机制保持稳态。

1.3　神经系统能够及时感知机体内、外环境的变化，并做出调控各器官、系统活动的反应，实现机体稳态。

1.3.2　阐明神经细胞膜内外在静息状态具有电位差，受到外界刺激后形成动作电位，并沿神经纤维传导。

四、科普性解读

心肌细胞膜是半透膜，静息状态时，膜外排列一定数量带正电荷的阳离子，膜内排列相同数量带负电荷的阴离子，膜外电位高于膜内，称为极化状态。静息状态下，由于心脏各部位心肌细胞都处于极化状态，没有电位差，电流记录仪描记的电位曲线平直，即为体表心电图的等电位线。心肌细胞在受到一定强度的刺激时，细胞膜通透性发生改变，大量阳离子短时间内涌入膜内，使膜内电位由负变正，这一过程称为除极。对心脏整体来说，心肌细胞从心内膜向心外膜顺序除极过程中的电位变化，由电流记录仪描记的电位曲线称为除极波，即体表心电图上心房的P波和心室的QRS波。细胞除极完成后，细胞膜又排出大量阳离子，使膜内电位由正变负，恢复到原来的极化状态，此过程由心外膜向心内膜进行，称为复极。同样是心肌细胞复极过程中的电位变化，由电流记录仪描记出的电位曲线称为复极波。由于复极过程相对缓慢，复极波较除极波低。心房的复极波低、且埋于心室的除极波中，体表心电图不易辨认。心室的复极波在体表心电图上表现为T波。整个心肌细胞全部复极后，再次恢复极化状态，各部位心肌细胞间没有电位差，体表心电图记录到等电位线。

五、科学思维（情境与问题）

情景：静息电位产生原理和动作电位产生原理。

细胞的静息电位相当于钾离子平衡电位，系因钾离子跨膜扩散达电化学平衡所引起。正常时细胞内的钾离子浓度高于细胞外，而细胞外钠离子浓度高于细胞内。在安静状态下，虽然细胞膜对各种离子的通透性都很小，但相比之下，对钾离子有较高的通透性，于是细胞内的钾离子在浓度差的驱使下，由细胞内向细胞外扩散。由于膜内带负电荷的蛋白质大分子不能随之移出细胞，所以随着带正电荷的钾离子外流将使膜内电位变负而膜外电位变正。但是，钾离子的外流并不能无限制地进行下去。

因为最先流出膜外的钾离子所产生的外正内负的电场力，将阻碍钾离子的继续外流，随着钾离子外流的增加，这种阻止钾离子外流的力量（膜两侧的电位差）也不断加大。当促使钾离子外流的浓度差和阻止钾离子外移的电位差这两种力量达到平衡时，膜对钾离子的净通量为零，于是不再有钾离子的跨膜净移动，而此时膜两侧的电位差也就稳定于某一数值不变，此电位差称为钾离子平衡电位。

当细胞受到刺激产生兴奋时，首先是少量兴奋性较高的钠通道开放，很少量的钠离子顺浓度差进入细胞，致使膜两侧的电位差减小，产生一定程度的去极化。当膜电位减小到一定数值（阈电位）时，就会引起细胞膜上大量的钠通道同时开放，此时，膜两侧钠离子在浓度差和电位差（内负外正）的作用下，快速、大量地内流，导致细胞内正电荷迅速增加，电位急剧上升，形成了动作电位的上升支，即去极化。

当膜内侧的正电位增大到足以阻止钠离子的进一步内流时，也就是达到钠离子的平衡电位时，钠离子停止内流，并且钠通道失活关闭。在钠离子内流过程中，钾通道被激活而开放，钾离子顺着浓度梯度从细胞内流向细胞外，当钠离子内流速度和钾离子外流速度平衡时，产生峰值电位。随后，钾离子外流速度大于钠离子内流速度，大量的阳离子外流导致细胞膜内电位迅速下降，形成了动作电位的下降支，即复极化。此时，细胞膜电位虽然基本恢复到静息电位的水平，但是由于去极化流入的钠离子和复极化流出钾离子并未各自复位，此时，通过钠钾泵的活动将流入的钠离子泵出并将流出的钾离子泵入，恢复动作电位之前细胞膜两侧这两种离子的不均衡分布，为下一次兴奋做好准备。

问题：图1是某神经纤维动作电位的模式图，下列叙述不正确的是（　　）。

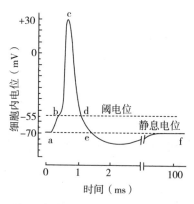

图1　某神经纤维动作电位的模式图

A. 钾离子的外流是神经纤维形成静息电位的主要原因

B. cb段钠离子内流，需要载体蛋白的协助

C. cd段钠离子通道多处于关闭状态，钾离子通道多处于开放状态

D. 动作电位大小随有效刺激的增强而不断加大

参考答案：

D。

发现菲比格氏鼠癌（鼠实验性胃癌）

——1926年诺贝尔生理学或医学奖

一、获奖人

约翰尼斯·菲比格（Johannes Fibiger，1867—1928），丹麦病理学家。

二、颁奖词或获奖原因

发现寄生虫致癌（事后证明其理论是错误的）。

三、课本知识适切点

必修模块1　分子与细胞。

概念2　细胞的生存需要能量和营养物质，并通过分裂实现增殖。

2.3　细胞会经历生长、增殖、分化、衰老和死亡等生命进程。

四、科普性解读

20世纪初期，病原生物学的巨大成就颠覆了整个医学界。"生物致病"的概念被深深烙印在人们心中。菲比格作为科赫的高才生，寻找"致癌微生物"的信念更是强烈。

当时各国的科学家们都在探求癌症的病因，总结出了三种理论：一是刺激理论，二是胚胎理论，三是寄生虫致癌理论。菲比格就是寄生虫致癌理论坚定不移的支持者。

1907年，菲比格在一些用于研究的野生大鼠的胃隐窝中，观察到伴有乳头状瘤形成的上皮增生，在其中一些肿瘤内找到了类似螺旋体的寄生线虫及其虫卵。在研究了线虫和虫卵与癌症的关系后，菲比格并没有找到原因。但是他发现了这些源于南美和西印度的小虫子可能是通过糖类贸易随其宿主蟑螂而来到欧洲的。当时菲比格将这种小虫子命名为致瘤性螺旋虫，后来被证实是筒线虫。用感染了筒线虫幼虫的蟑螂喂养健康大鼠，可引起胃部炎症、上皮增生和乳头状瘤形成，有些上皮瘤是恶性的，甚至可以发生肺转移，菲比格据此认为筒线虫可导致大鼠胃癌。

菲比格在1913年发表了他的研究成果，他的好友瑞典病理学家弗尔克·汉森（Folk Henschen）给予了高度评价，认为菲比格的发现开创了一个新纪元，并极力向诺贝尔奖委员会推荐菲比格作为候选人。菲比格最终在1926年被授予了诺贝尔生理学或医学奖。

实际上，菲比格的研究在方法上缺乏严谨性，甚至在对癌症的研究中也很少考虑设置随机对照组，这样一个既没有严格对照也没有反复验证的结果，本不应当通过评审而被授予诺贝尔奖的。菲比格筒线虫引起大鼠胃癌的研究结果已经被认为是错误的。

五、科学思维（情境与问题）

情境1：早在1775年，英国外科医生波特发现阴囊皮肤癌的患者多是烟囱清洁工。1914年，日本东京大学教授山极胜三郎和市川厚一受到这个职业癌案例记载的启发，将煤焦油长期涂在兔耳的内侧发现也会引起皮肤癌，他们通过实验方法成功地诱发了世界最初的人工癌。

问题1：研究发现，煤焦油会导致细胞发生基因突变，从而引发癌症。烟草和紫外线同样可以引发癌症。回答下列问题。

（1）细胞癌变与细胞分化的共同特点是_____，癌细胞容易在体内扩散和转移的原因主要是_____。

（2）导致细胞癌变的因素很多，煤焦油属于_____致癌因子，紫外线属于_____致癌因子。

（3）病毒致癌因子是一类使细胞发生癌变的病毒，它们含有_____以及与致癌有关的_____，感染人体后可将基因组整合到人的基因组中，诱导细胞癌变。

（4）与癌症有关的基因不是单一的，其中主要负责调节细胞周期，控制细胞生长和分裂进程的是_____基因，主要负责阻止细胞不正常增殖的是_____基因。

（5）癌细胞的分裂方式是_____。癌症化疗时应用的药物能够阻止参与DNA复制的酶与DNA相互作用，这类药物作用于癌细胞周期的_____期。

参考答案：

（1）细胞的形态结构发生变化，细胞膜上的糖蛋白等物质减少；（2）化学，物理；（3）病毒、癌基因，核酸序列；（4）原癌，抑癌；（5）有丝分裂，间。

情境2：美国国家卫生研究院公布的一项研究报告显示，吸烟女性患膀胱癌的风险为52%，男性的风险与此前的研究结果基本一致，为50%。此前的研究结果是，在吸烟者和已戒烟者中，男性患膀胱癌的风险为50%~65%，女性为20%~30%，吸烟者患膀胱癌的风险是不吸烟者的3倍。专家认为，吸烟与膀胱癌关联度的增强是因为多年来香烟成分发生了变化。

问题2：请分析回答下面的相关问题。

（1）根据吸烟与膀胱癌发生之间的关系，可知诱导膀胱癌发生的致癌因子是＿＿＿＿＿＿＿＿。除了这种致癌因子之外，膀胱癌的发生也有可能是由＿＿＿＿＿＿＿＿所引起。

（2）细胞发生癌变是正常细胞内含有的原癌基因和抑癌基因在＿＿＿＿＿＿＿＿的作用下发生＿＿＿＿＿＿＿＿的结果。原癌基因和抑癌基因的作用分别是＿＿＿＿＿＿＿＿。

（3）早期癌症患者采用手术的方法一般可以根治，但晚期癌症患者则难以治愈，其原因是＿＿＿＿＿＿＿＿。

（4）癌细胞能够无限增殖，它的增殖会消耗人体大量的营养物质和破坏人体正常的组织、器官，临床上治疗癌症的方法之一是运用化学药物抑制癌细胞中DNA的复制，从而使细胞周期停留在＿＿＿＿＿＿＿＿。

（5）目前人类还缺少有效治疗癌症的手段，对于癌症要重在预防，也就是说在日常生活中需要注意远离＿＿＿＿＿＿＿＿。

参考答案：

（1）化学致癌因子，物理致癌因子、病毒致癌因子；（2）致癌因子，突变，原癌基因主要负责调节细胞周期，控制细胞生长和分裂的进程，抑癌基因主要是阻止细胞不正常地增殖；（3）晚期癌症患者体内的癌细胞已经分散和转移；（4）分裂间期；（5）致癌因子。

发现治疗麻痹的发热疗法

——1927年诺贝尔生理学或医学奖

一、获奖人

瓦格纳·姚雷格（Julius Wagner Rittervon Jauregg，1857—1940），生于奥地利北部韦尔斯（Wels）城。1874年到1880年在维也纳大学学习医学，获医学博士学位。1880年大学毕业后，从事疟疾病理的研究。1883年成为精神病学家，担任维也纳大学医学院精神病学研究所主任。1917年研究以疟原虫接种来治疗麻痹性痴呆。

二、颁奖词或获奖原因

发明了治疗麻痹的发热疗法：让梅毒病人感染疟疾，利用疟疾发烧的高热来缓解由晚期梅毒引发的痴呆，甚至治愈梅毒。

三、课本知识适切点

选择性必修模块1　稳态与调节。

概念1　生命个体的结构与功能相适应，各结构协调统一共同完成复杂的生命活动，并通过一定的调节机制保持稳态。

1.5　免疫系统能够抵御病原体的侵袭，识别并清除机体内衰老、死亡或异常的细胞，实现机体稳态。

四、科普性解读

梅毒螺旋体是引起梅毒的病原体，在医学上属于螺旋体目，密螺旋体科，梅毒螺旋体一般不易染色，故又称为苍白螺旋体。梅毒按照病程不同分型，感染两年内的称为早期梅毒，超过两年的是晚期梅毒。

在19世纪，梅毒并没有相应的医疗手段，被认为是不治之症。

瓦格纳·姚雷格是奥地利精神病学家。当时的医生们对于精神病有一个理论，发高烧可以缓解精神病人的很多精神症状，这种方法称为热疗法。瓦格纳·姚雷格就是这一理论的支持者和实践者。他一生所从事的主要工作就是通过引发发烧治疗精神疾病。

面对梅毒引起的麻痹性痴呆，瓦格纳·姚雷格开始尝试用发热疗法治疗。而这个疗法的第一步，就是要让患者发烧。如何诱使患者发烧？瓦格纳·姚雷格首先想到了结核杆菌。于是他把结核杆菌注入麻痹性痴呆患者体内，观察其反应。患者出现了意料之中的发烧症状，麻痹性痴呆症状也随之得到缓解。可惜这种发烧效果不能持久，随着发烧症状缓解，患者的病症再次复发。瓦格纳·姚雷格初次以结核治梅毒的尝试以失败告终。

瓦格纳·姚雷格意识到，持续和剧烈的发热才对缓解病症有明显效果。1887年，他将目光投向了疟疾。因为疟疾同样也会使患者发高烧，这或许能达到预期的效果。

于是，瓦格纳·姚雷格首先通过接种疟原虫让麻痹性痴呆患者感染疟疾，然后监测实验者的发热情况和病症的缓解情况。结果，实验效果出奇地好，9位试验者中有6人的麻痹性痴呆症状得到有效改善，甚至有3位实验者完全康复①。瓦格纳·姚雷格利用疟原虫接种引起的发热来治疗麻痹性痴呆的方法大获成功。

五、科学思维（情境与问题）

情境：青蒿素是从复合花序植物黄花蒿茎叶中提取的有过氧基团的倍半萜内酯的一种无色针状晶体，其分子式为$C_{15}H_{22}O_5$，由中国药学家屠呦呦在1971年发现的。青蒿素是继乙氨嘧啶、氯喹、伯氨喹之后最有效的抗疟特效药，尤其是对于脑型疟疾和抗氯喹疟疾具有速效和低毒的特点，被世界卫生组织称作"世界上唯一有效的疟疾治疗药物"。

问题：中国科学家屠呦呦是中国真正意义上的第一位自然科学方面的诺贝尔奖得主，她的研究成果——青蒿素在疟疾治疗及预防方面做出了世界性的贡献。疟疾是经按蚊叮咬或输入带疟原虫者的血液而感染疟原虫所引起的虫媒传染病，疟原虫在人体内先后寄生于肝细胞和红细胞内。

（1）疟原虫经按蚊叮咬进入人体，直接被吞噬细胞吞噬，这属于机体的_____免疫。

---

① Tsay C.J. Julius Wagner-Jauregg and the Legacy of Malarial Therapy for the Treatment of General Paresis of the Insane［J］. The Yale journal of biology and medicine，2013，86（2）：245–254.

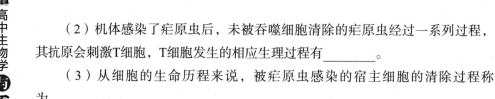

（2）机体感染了疟原虫后，未被吞噬细胞清除的疟原虫经过一系列过程，其抗原会刺激T细胞，T细胞发生的相应生理过程有_____。

（3）从细胞的生命历程来说，被疟原虫感染的宿主细胞的清除过程称为_____。

（4）免疫系统对于人体内环境稳态有着重要的作用，其具体的生理功能有_____。

参考答案：

（1）非特异性；（2）增殖分化为效应T细胞和记忆细胞，并分泌淋巴因子；（3）细胞凋亡；（4）防卫、监控和清除。

有关斑疹伤寒的研究

——1928年诺贝尔生理学或医学奖

一、获奖人

查尔斯·尼科尔（Charles Jules Henri Hicolle，1865—1936），生于法国鲁昂。1893年毕业于巴黎大学医学院，获医学博士学位。1903—1936年担任突尼斯巴斯德研究院院长。1929年担选法国科学院院士。

二、颁奖词或获奖原因

对斑疹伤寒的研究有突出贡献。发现其病原体是一种介于细菌和病毒之间的立克次体（Rickettsia），发现它是由虱、蚤等作为传播媒介而引起的疾病。并首先发现了斑疹伤寒的传播方式和发疹规律。

三、课本知识适切点

必修模块1　分子与细胞。

概念1　细胞是生物体结构与生命活动的基本单位。

1.3　各种细胞具有相似的基本结构，但在形态与功能上有所差异。

四、科普性解读

法国细菌学家、病理学家尼科尔首次发现斑疹伤寒疾病的病原体（立克次体）及其传播方式和发病规律，该成果为防治斑疹伤寒提供了理论依据和具体途径。

立克次体天然寄生在一些节肢动物体内（如虱、蚤、蜱、螨等），通过这些节肢动物为媒介进行传播。立克次体是引起斑疹伤寒等传染病的病原体，为纪念因研究斑疹伤寒受到感染而牺牲的立克次医生（Taylor Rickets）而定名。立克次体病的病原体种类甚多，媒介昆虫、储存宿主、所致疾病、流行地区等都各有不同。立克次体有类似细菌的结构，电子显微镜下可见细胞壁及细胞膜。细胞壁由脂多糖蛋白质组成，与革兰氏阴性菌相似。部分立克次体在细胞壁表面有荚膜样物质。胞质内有核糖体，核质集中在中央，为双股DNA。在普通光学显微镜下，立克次体多为球杆状，但在不同发育阶段以及在不同宿主内，可出现不同的形态。

立克次体对理化因素的抵抗力都较弱，一般56℃时30分钟能灭活。患立克次体病时往往有发热、皮疹、实质器官损害及其他中毒症状。一般均经携带立克次体的节肢动物叮咬或其粪便污染伤口而感染人。立克次体侵入人体后，常在小血管的内皮细胞及网状内皮系统中繁殖，引起细胞肿胀、增生、坏死、微循环障碍及血栓形成，并引起血管周围的炎症浸润。临床上常见的皮疹主要是立克次体感染引起真皮内的小血管炎所致。若立克次体在实质器官如肝、脾、肾、脑、心脏等的血管内皮细胞中繁殖，可导致这些细胞发生肿胀、增生、代谢障碍、坏死及间质性炎症，因而出现实质器官的变化，表现出相应的临床症状。立克次体具有毒性物质，如斑疹伤寒组立克次体的毒性物质能损害血管内皮细胞，使血管通透性升高，血浆渗出，血压下降，甚至引起弥散性血管内凝血、休克而死亡。

五、科学思维（情境与问题）

情境：立克次体是一类专门在细胞内寄生的小型革兰氏阴性原核单细胞微生物。它具有与一般细菌类似的形态、结构和繁殖方式，又具有病毒相似的活细胞寄生生长的原核生物特征。立克次体比较多形，有球状、球杆状和杆状，大小介于细菌和病毒之间。

问题：（1）下列几种生物的细胞内没有核膜的是（　　　　）。

①幽门螺旋杆菌　②酵母菌　③立克次体　④曲霉　⑤链霉菌　⑥草履虫

A.①④　　　　　B.①④⑤　　　　　C.①③⑤　　　　　D.④⑤⑥

参考答案：

C。

（2）立克次体的细胞结构与大肠杆菌的细胞结构基本相同，因此立克次体应属于（　　　　）。

A.原核生物　　B.真核生物　　C.病毒　　D.除病毒外的其他非细胞生物

参考答案：

A。

发现抗神经炎的维生素和发现刺激生长的维生素

——1929年诺贝尔生理学或医学奖

一、获奖人

克里斯蒂安·艾克曼（Christiaan Eijkman，1858—1930），荷兰病理解剖学家、细菌学家。

弗雷德里克·霍普金斯（Frederick Gowland Hopkins，1861—1947），英国生物化学家。

二、颁奖词或获奖原因

艾克曼首先发现食物中含有生命必需的微量物质，为后来发现维生素在营养学中的作用奠定了基础。霍普金斯发现了促进生命生长的维生素。

三、课本知识适切点

必修模块1　分子与细胞。

概念2　细胞的生存需要能量和营养物质，并通过分裂实现增殖。

2.2　细胞的功能绝大多数基于化学反应，这些反应发生在细胞的特定区域。

2.2.1　说明绝大多数酶是一类能催化生化反应的蛋白质，少数酶是RNA，酶活性受到环境因素（如pH和温度等）的影响。

选择性必修模块3　生物技术与工程。

概念5　基因工程赋予生物新的遗传特性。

5.1　基因工程是一种重组DNA技术。

5.1.2　阐明DNA重组技术的实现需要利用限制性内切核酸酶、DNA连接酶和载体三种基本工具。

5.1.3　阐明基因工程的基本操作程序主要包括目的基因的获取、基因表达载

体的构建、目的基因导入受体细胞和目的基因及其表达产物的检测鉴定等步骤。

四、科普性解读

15世纪，人们发现，远洋水手在漫长的航程中，时常患病。他们浑身无力，牙龈出血，肌肉疼痛，甚至很多水手因此死去，这种病被称为维生素C缺乏病。后来人们发现，食用酸橙可以预防维生素C缺乏病。19世纪，脚气病在日本水兵中极为流行，而英国水兵则从来不得脚气病。比较两国水兵食谱发现，日本水兵吃的是白米，而英国水兵从来不吃大米，而是吃大麦之类的粮食。通过改吃大麦，日本海军中的脚气病得到消灭。人们开始认识到，饮食的改变可以预防或者治愈这两种疾病，食物中或许含有一些微量的能够维持健康的重要物质。

1895年，爪哇岛一所医院的鸡患了脚气病。艾克曼被荷兰政府委任到荷属东印度的殖民地去查清脚气病的起因，想查清楚到底是什么细菌引起的，因为当时巴斯德的细菌理论已得到普遍承认。艾克曼设想脚气病是一种细菌引起的，开始在病鸡身上查病菌，但是他工作了两年没有任何进展。突然有一天，所有的鸡一下子都好了。调查发现，原来负责饲养鸡的人员用白米喂鸡，后来一位新的厨师接管喂鸡工作，觉得用白米喂鸡太浪费，开始给鸡吃廉价的糙米，这使得鸡的脚气病不治而愈。

艾克曼考虑到这种情况，于是亲自做实验。他挑选健康的鸡用白米饲养，过了一段时间，这批鸡果然患了脚气病，改用糙米饲养，很快痊愈。最后他断定脚气病是由于吃了去稻壳的精白米造成的。稻壳中有一种可以防止生脚气病的物质，可惜他没有把这种未知物质鉴定出来。

1906年英国生物化学家霍普金斯对营养缺乏症进行了研究，他发现仅用蛋白质、碳水化合物和脂肪不能维持生命。接着在1912年实验仅用酪蛋白原、蔗糖、淀粉、猪油和盐喂老鼠，老鼠不久即发育停止而死亡。但是每天加入小量牛乳，老鼠则发育极好，因此他说牛奶中存在一种"辅助的食物因子"。

1912年霍普金斯关于维生素的论文在《生理学》杂志上发表，由此人们知道了维生素是维持机体健康所必需的一类低分子有机化合物。这种物质由于体内不能合成或者合成量不足，所以，虽然需要量很少，但必须由食物供给。在我们的食物中，可能某一种维生素的含量非常微小，但缺少这一小点物质，就可能发生最严重的后果。有了它，则疾病可以预防，即使疾病不幸发生，也一定可以痊愈。所以，维生素是名副其实的维持生命的不可或缺的物质。

1929年诺贝尔基金会为了表彰霍普金斯和艾克曼在维生素研究上所做的贡献，决定同时授予他们两人诺贝尔生理学或医学奖。

维生素是人体中不可或缺的、复杂的、结构各异的有机化合物，它们是化学反应的生物催化剂，或是活细胞中光化学过程的反应剂，它们多半是组成酶系而参加新陈代谢，并且以酶和辅酶的成分或以维生素原的形式被直接吸收进入人体。目前，科学家们已发现了20多种维生素，为增进人类健康做出了贡献。维生素的化学研究成果是巨大的，在药物研究方面要算维生素研究者获得的诺贝尔奖奖金的人数最多，这个领域里的研究至今方兴未艾，不断有新的发现。

五、科学思维（情境与问题）

情境：β 胡萝卜素是形成维生素A的基础材料，维生素A缺乏是导致发展中国家千百万儿童失明和罹患其他疾病的常见原因之一。瑞士科学家培育出一种富含 β 胡萝卜素的水稻新品种——"黄金水稻"，可望结束发展中国家人口维生素A摄入量不足的状况。

问题：图1表示这一技术的基本过程，请据图回答以下问题：

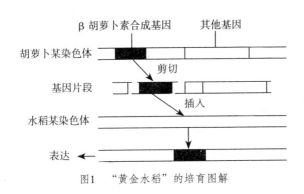

图1 "黄金水稻"的培育图解

（1）"剪切"所使用的酶是_____，"剪切"结果使DNA分子片段产生了_____。携带"β 胡萝卜素合成基因"进行转化的载体具有一个至多个_____，以供外源基因插入。

（2）在"黄金水稻"的培育中，能确定"β 胡萝卜素合成基因"已成功在水稻体内表达的简便方法是_____。

参考答案：

（1）限制性核酸内切酶（限制酶），黏性末端，限制酶切割位点；（2）出现了黄色的大米。

发现血型

——1930年诺贝尔生理学或医学奖

一、获奖人

卡尔·兰德斯坦纳（Karl Landsteiner，1868—1943），奥地利（美籍）病理学家。

二、颁奖词或获奖原因

研究了人体血型分类，并发现了四种主要血型，即O型、AB型、A型、B型。

三、课本知识适切点

选择性必修模块1　稳态与调节。

概念1　生命个体的结构与功能相适应，各结构协调统一共同完成复杂的生命活动，并通过一定的调节机制保持稳态。

1.5　免疫系统能够抵御病原体的侵袭，识别并清除机体内衰老、死亡或异常的细胞，实现机体稳态。

1.5.3　阐明特异性免疫是通过体液免疫和细胞免疫两种方式，针对特定病原体发生的免疫应答。

1.5.4　举例说明免疫功能异常可能引发的疾病，如过敏、自身免疫病、艾滋病和先天性免疫缺陷病等。

四、科普性解读

17世纪初，威廉·哈维（William Harvey），实验生理学的创始人，发现血液循环系统。"血液不断流动的动力，来源于心肌的收缩压；脉搏的产生，是由于血管充血而扩张；两心室间没有什么看不见的通道；人体的血液经心脏会流经全身和肺脏。"这为输血提供了可靠的科学依据。

18世纪初，很多孕妇分娩时死于失血过多。英国医生詹姆斯·布伦德尔（James Blundell）决心改变这一现状，他尝试将人血输给产后大出血的病人，并多次成功挽救多名病人的生命。由此，医学界再次掀起输血热潮，可是有的患者输血后产生严重不良反应，受血者的死亡率很高。当时人们不清楚其中原因。

直到20世纪初，兰德斯坦纳发现了第一个在临床实践中有重要意义的血型系统，人类血型系统即ABO系统，从此为人类揭开了血型的奥秘。兰德斯坦纳通过设计实验，将不同人的红细胞分别与不同人的血清进行混合，观察它们是否发生凝集反应。实验结果发现，血细胞的凝集存在一定的规律。根据凝集的发生规律，他将人们的血液分为三型，即A型、B型、O型。后来，他的学生德卡斯特鲁和斯特利（Decastello & Sturli）又发现了第四组，即AB型。

兰德斯坦纳认为不同血型的血液中红细胞含有不同的凝集原，血浆则含有不同的凝集素，如凝集原与对应的凝集素相遇就会发生凝集。当给受血者输入血型不相容的血液时，会发生凝集反应，凝集的红细胞堵塞毛细血管，发生溶血，伴发过敏反应，其结果可能危及人的生命。因此，在输血时，同型输血就不会发生红细胞凝集等现象。O型血红细胞因缺乏凝集原，可以给任何血型的人输血而不会被凝集，因而O型血的人被称为"万能输血者"。同样，AB血型的人血清中缺乏相应的凝集素，因此可以接受任何类型的红细胞，所以AB型血的人又被称为"万能受血者"。

ABO血型的分子机制直到1990年才被首次阐明。ABO血型系统的基因位点在第9对染色体上。人的ABO血型受控于A、B、O三个基因，ABO基因有三个主要的等位基因：IA（A）、IB（B）和I（O），每个人体细胞内的第9对染色体上只有两个ABO系统基因。这些等位基因的原初产物都是糖基转移酶，IA和IB等位基因分别编码不同的糖基转移酶，最终相应形成红细胞上的A、B抗原。因此，根据红细胞膜上A抗原与B抗原的有无，可以将血液分为四型：如果只存在A抗原，则称为A型；只存在B抗原，则称为B型；若A与B两种抗原都存在，则称为AB型；若两种抗原都没有，则称为O型，如图1所示。

	Group A	Group B	Group AB	Group O
Red blood cell type	A	B	AB	O
Antibodies in Plasma	Anti–B	Anti–A	None	Anti–A and Anti–B
Antigens in Red Blood Cell	A antigen	B antigen	A and B antigens	None

图1　ABO血型抗原抗体分布

五、科学思维（情境与问题）

情境：ABO血型系统中，A型血和B型血人的红细胞膜表面分别含有凝集原A、B，AB型血人的红细胞膜表面同时含有凝集原A和B，O型血人的红细胞膜表面没有凝集原。

问题：如图2所示是利用动物细胞杂交方法制备人抗A凝集原抗体的过程，请回答下列问题。

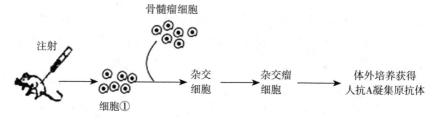

图2　动物细胞杂交方法制备人抗A凝集原抗体的过程

（1）要制备人抗A凝集原抗体，应向小鼠体内注射_____细胞，使小鼠产生_____免疫。从小鼠体内分离的细胞①为_____细胞。

（2）为诱导细胞①与骨髓瘤细胞融合，常选用_____作为诱导剂。融合后的培养液中存在多种杂交细胞和未融合细胞，需要进行_____培养、克隆化培养和_____，才能获得需要的杂交瘤细胞。

（3）杂交瘤细胞继承了双亲细胞的遗传物质，因而既能在体外培养条件下_____，又能产生_____。

（4）制备的人抗A凝集原抗体能与_____发生特异性结合，若用该抗体与待测血液样本呈阳性反应，则待测样本的血型是_____。

参考答案：

（1）A型（或AB型）血人的红，特异性（或体液），B；（2）聚乙二醇或灭活的病毒，选择，抗体检测；（3）迅速大量繁殖，专一的抗体；（4）凝集原A，A型或AB型。

发现呼吸酶的性质和作用

——1931年诺贝尔生理学或医学奖

一、获奖人

奥托·海因里希·瓦尔堡（Otto Heinrich Warburg，1883—1970），德国生物化学家。

二、颁奖词或获奖原因

发现了呼吸酶的性质和作用方式。

三、课本知识适切点

必修模块1　分子与细胞。

概念2　细胞的生存需要能量和营养物质，并通过分裂实现增殖。

2.2　细胞的功能绝大多数基于化学反应，这些反应发生在细胞的特定区域。

2.2.1　说明绝大多数酶是一类能催化生化反应的蛋白质，少数酶是RNA，酶活性受到环境因素（如pH和温度等）的影响。

2.2.4　说明生物通过细胞呼吸将储存在有机分子中的能量转化为生命活动可以利用的能量。

四、科普性解读

细胞中的氧化反应虽然有加氧、脱氢、失电子等多种方式，但以脱氢方式最为普遍，也最重要。脱下的氢将进入电子传递链（呼吸链），通过多种酶和辅酶所催化的连锁反应逐步传递，最后与氧结合成水并产生ATP，这个过程是生物体内能量的主要来源。呼吸链由一系列按特定顺序排列的结合蛋白质（酶和辅酶）组成，并排列在线粒体内膜上。链中每个成员从前面的成员接受氢或电子，又传递给下一个成员，最后传递给氧。其中传递氢的酶或辅酶称为递氢体，传递电子的酶或辅酶称为电子传递体。不论是递氢体还是电子传递体，都起传递电子的作用，所以呼吸链又称作电子传递链。呼吸链包含15种以上组分，主要由4种酶复合体和2种可移动电子载体构成，如图1所示，包括复合体Ⅰ、Ⅱ、Ⅲ、Ⅳ、辅酶Q和细胞色素C等。

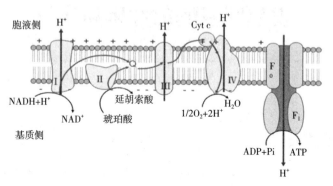

图1 呼吸链

五、科学思维（情境与问题）

情境：瓦尔堡测定了一氧化碳对呼吸的抑制由光照射而又恢复的作用光谱，指出与氧直接反应的酶是血红蛋白，并将之称为呼吸酶。相当于现在的细胞色素氧化酶。细菌进行有氧呼吸时，必须通过呼吸链传递电子和氢离子以产生ATP。而呼吸链就是由琥珀酸脱氢酶、$NADH_2$脱氢酶、细胞色素氧化酶等组成。这些酶都分布在膜上。

问题：华北驼绒藜是北方常见的优质牧草，某研究小组想探究其种子保存的适宜条件。将种子随机均分为若干组，分别进行超干燥和低温（4℃）处理，测定脱氢酶活性，实验结果如图2所示，请回答以下问题。

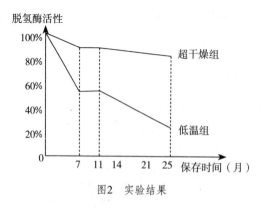

图2 实验结果

（1）种子的胚根、胚芽未突破种皮时，由于种皮的隔离作用，胚细胞进行无氧呼吸。在酸性条件下，用橙色的重铬酸钾检测，颜色会变成_____。

（2）脱氢酶的作用是催化有机物脱去氢离子，形成NADH，脱氢酶作用的场所有_____，形成的NADH与_____反应。

（3）低温组的脱氢酶活性低于超干燥组，可以推测其种子的发芽能力_____（填"高于"或"低于"）超干燥组。若低温组种子保存一个月后，将温度升高到适宜温度，其发芽能力_____（填"能"或"不能"）恢复，理由是：_____。

参考答案：

（1）灰绿色；（2）细胞质基质、线粒体（基质），O_2；（3）低于，能，低温时酶的空间结构稳定（或未被破坏，或未失活）。

发现神经细胞活动的机制

——1932年诺贝尔生理学或医学奖

一、获奖人

埃德加·道格拉斯·艾德里安（Adrian Edgar Douglas，1889—1977），英国生理学家，主要从事肌肉刺激和感觉器官中的神经元（神经细胞）功能的研究。

查尔斯·斯科特·谢林顿（Charles Scott Sherrington，1857—1952），英国神经生理学家。

二、颁奖词或获奖原因

艾德里安研究神经纤维的电活动，证明了传入神经中枢的神经冲动是混合的信息，研究了单根运动神经纤维的冲动，澄清了过去很多不完善的结论，推动了神经生理学的发展。谢林顿发现了中枢神经反射活动的规律，揭示了神经细胞及能量在神经系统中传递的情况。

三、课本知识适切点

选择性必修模块1　稳态与调节。

概念1　生命个体的结构与功能相适应，各结构协调统一共同完成复杂的生命活动，并通过一定的调节机制保持稳态。

1.3　神经系统能够及时感知机体内、外环境的变化，并做出调控各器官、系统活动的反应，实现机体稳态。

1.3.1　概述神经调节的基本方式是反射（可分为条件反射和非条件反射），其结构基础是反射弧。

1.3.2　阐明神经细胞膜内外在静息状态具有电位差，受到外界刺激后形成动作电位，并沿神经纤维传导。

1.3.3　阐明神经冲动在突触处的传递通常通过化学传递方式完成。

四、科普性解读

谢林顿是英国神经生理学家。他用10年时间系统地研究了膝反射赖以发生的肌肉和神经情况。他的突出贡献表现在描述了运动神经通路（1892年），确定了感觉神经的存在（1894年），查明了脊髓后跟的分布情况（1894年）。他发现神经协调的秘密在于反射配合，发现了交叉神经支配的协调作用。同时他把神经元与神经元之间的机能接点命名为"突触"，使用的电刺激实验方法后来成为引起反射的标准方法。1906年，他发表的《神经系统的整合作用》成为神经生理学的经典，并因此获诺贝尔生理学或医学奖。

艾德里安是研究神经兴奋的电作用的第一个专家。在剑桥大学期间，他利用青蛙进行神经兴奋传导方面的试验，发现了神经末梢器官受到刺激时传导神经纤维冲动的频率变化而强度不变，还发现感觉冲动频率和大脑感觉兴奋区对于末梢神经的刺激有"适应性"。他还研究了单根运动神经纤维的冲动。1932年，他发表《神经活动的机制》，总结了自己的研究成果，大大推动了神经生理学的发展。

神经冲动是指沿神经纤维传导的兴奋。其实质是膜的去极化过程，神经冲动以很快速度在神经纤维上传播，即动作电位的传导。动作电位（action potential）是指可兴奋细胞受到刺激时在静息电位的基础上产生的可扩布的电位变化过程。神经纤维在静息状态时，膜外为正，膜内为负，膜内外电位差为-70毫伏。当神经纤维某部分受刺激而兴奋时，膜外电位降低，膜内电位升高，膜内外电位差减少，称为去极化，去极化继续发展，膜内电位升至+30毫伏，称为反极化。之后膜内电位迅速回降并逐渐恢复至静息水平，称为复极化。去极化和反极化发生的电位变化是动作电位的上升相；反极化至复极化过程是动作电位的下降相。

单根神经纤维上兴奋是可以双向传导的，而在中枢内兴奋传布只能由传入神经元向传出神经元的方向进行，而不能逆向传递。

五、科学思维（情境与问题）

情境： 动作电位的产生其实就是各种离子跨膜运动的结果。细胞处于静息状态时，由于钾离子向膜外扩散导致细胞膜处于外正内负的极化状态。当细胞受到刺激，细胞膜上少量钠离子通道激活而开放，于是钠离子顺浓度差少量内流，膜内外电位差减小。当膜内电位达到阈电位时，钠离子通道大量开放，钠离子顺电化学浓度差和膜内负电位的吸引内流。膜内负电位减小到零并变为正电位。然后钠离子通道关，钠离子内流停止，同时钾离子通道激活而开放，钾离子顺浓度差和膜内正电位的排斥而迅速外流。膜内电位迅速下降，恢复到静息电位水平。由于胞内钠离子浓度升高，胞外钾离子浓度升高，激活钠钾泵，钠离子泵出，钾离子泵回。

问题：科学家利用枪乌贼离体神经纤维为实验材料，研究细胞外 Na^+ 浓度对枪乌贼动作电位的影响。实验结果如图1所示，其中曲线1表示神经纤维处于正常海水中的动作电位，曲线2表示神经纤维处于海水和葡萄糖溶液（除 Na^+ 外，其他与海水浓度相同）混合配制的溶液S中的动作电位。图甲、乙、丙溶液S中海水所占比例分别是71%、0%、33%。回答下列问题。

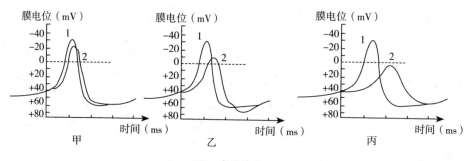

图1 实验结果

（1）在本实验中，改变溶液S中海水所占比例，实质是改变_____。

（2）正常海水中神经纤维受刺激时，膜外 Na^+ 浓度_____（高于、低于、等于）膜内 Na^+ 浓度；图丙溶液S中神经纤维静息时，膜外 Na^+ 浓度_____（高于、低于、等于）膜内 Na^+ 浓度。

（3）由图1可知，图甲、乙、丙三种溶液S中神经纤维的_____相等。

（4）由实验数据可知，细胞外 Na^+ 浓度对枪乌贼动作电位的影响是_____。

参考答案：

（1）细胞外 Na^+ 浓度；（2）高于，高于；（3）静息电位；（4）降低细胞外 Na^+ 浓度会导致动作电位幅度（峰值）上升速率下降。

发现染色体的遗传机制，创立染色体遗传理论

——1933年诺贝尔生理学或医学奖

一、获奖人

托马斯·亨特·摩尔根（Thomas Hunt Morgan，1866—1945），美国进化生物学家、遗传学家和胚胎学家。1908年起开始养殖果蝇，从事进化和遗传方面的研究。1928年组建加利福尼亚工学院生物系，任系主任。1945年12月4日，因动脉破裂，在帕萨迪纳逝世，享年79岁。

二、颁奖词或获奖原因

创立染色体遗传理论。

三、课本知识适切点

必修模块2　遗传与进化。

概念3　遗传信息控制生物性状，并代代相传。

3.1　亲代传递给子代的遗传信息主要编码在DNA分子上。

3.1.1　概述多数生物的基因是DNA分子的功能片段，有些病毒的基因在RNA分子上，蛋白质的氨基酸序列是由基因决定的。

3.2　有性生殖中基因的分离和重组导致双亲后代的基因组合有多种可能。

3.2.4　概述性染色体上的基因传递和性别相关联。

四、科普性解读

摩尔根一开始对孟德尔的学说和染色体理论表示强烈怀疑。1908年，为了寻找实验证据支持自己的怀疑，他开始用黑腹果蝇作为实验材料，研究生物遗传性状中的突变现象。

1910年的一天，摩尔根突然发现，在他的许多红眼果蝇中，有一只果蝇的眼睛却是白色的。他以前从来没有见过这样的类型，因此这只果蝇是罕见的突变

77

品种。摩尔根激动万分，将这只宝贝果蝇放在单独的瓶子中饲养。每天晚上，摩尔根都带着这只果蝇回家，睡觉时将实验瓶放在身边，精心照料。功夫不负有心人，原本虚弱的白眼果蝇终于与一只红眼雌性果蝇成功交配，将突变的基因成功留给了下一代果蝇。摩尔根发现子一代果蝇全是红眼的，显然红色是显性，正合孟德尔的实验结果。摩尔根又使子一代雌雄果蝇互相交配，结果发现子二代中的红、白果蝇的比例正好是3：1，如图1所示，这正符合孟德尔的遗传定律，从此摩尔根成为孟德尔理论的坚定支持者。

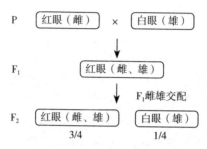

图1　摩尔根的果蝇杂交实验

摩尔根通过进一步观察，发现了一个不同于孟德尔规律的现象。按照孟德尔的自由组合规律，那些白眼果蝇的性别应该是有雌有雄。而实际结果是，子二代的白眼果蝇全是雄性，这说明白眼基因伴随着雄性个体遗传，性状（白）与性别（雄）的因子是"连锁"在一起的。雌性果蝇中的两条性染色体完全相同记为XX，雄性果蝇中的性染色体一大一小，记为XY。形成配子时成对的染色体彼此分开，可见能够遗传性状、性别的基因就在染色体上，它通过细胞分裂一代代地传下去。通过推理和实验验证，摩尔根证实，白眼基因位于X染色体上，染色体就是基因的载体，确立了基因的染色体学说。

五、科学思维（情境与问题）

情境1： 1910年5月，摩尔根从他的"蝇室"——果蝇饲养瓶中观察到一种奇怪的变异。他发现了在野生型红眼果蝇群体里，有一只长有白眼而不是正常红眼的雄果蝇。白眼突变雄果蝇的发现，使摩尔根立刻认识到这只白眼雄果蝇的巨大价值。从此，他将兴趣从进化转移到遗传的研究中。摩尔根将这只白眼雄果蝇与红眼雌果蝇进行了杂交实验。通过杂交实验所进行的眼色遗传分析表明，白眼雄蝇与红眼果蝇杂交，子一代全是红眼果蝇。子一代自交，子二代的结果呈现孟德尔式的性状分离，其中红眼果蝇2688只，白眼果蝇728只，两者比率约为3.4：1。但在子二代中，约占1/4的白眼果蝇则全是雄性个性。

问题1：遗传学家摩尔根进行了如图2所示的实验，请分析回答下列问题：

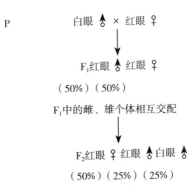

图2　果蝇的红白眼遗传实验

（1）果蝇是遗传学研究的理想实验材料，因为它有_____特点（写出一点即可）。

（2）摩尔根根据以上杂交实验结果做出假设：白眼基因是隐性基因，位于_____染色体上，从而合理地解释了实验现象。

（3）为验证摩尔根的假设，可取F_1红眼雌果蝇与白眼雄果蝇进行测交，若测交后代表现为_____，则证明其假设成立。

（4）果蝇眼色的遗传_____（符合、不符合）基因的分离定律。

（5）亲代中白眼雄果蝇的眼色变异来源于_____。

参考答案：

（1）易饲养、繁殖快、世代周期短、相对性状区分明显；（2）X；（3）红眼雌果蝇、白眼雌果蝇、红眼雄果蝇、白眼雄果蝇=1∶1∶1∶1；（4）符合；（5）基因突变。

情境2：摩尔根观察果蝇时，发现了另一个事实：小翅和白眼基因都位于性染色体上，是连锁基因。但其后代中不仅有白眼小翅的雄蝇，而且还生出一些白眼正常翅或正常眼小翅的后代。于是，他根据自己的实验结果创造出了"互换"的术语，即指染色体之间交换基因的过程。这种交换，当两个连锁基因相隔较近时就不容易发生，当相隔较远时就容易发生。摩尔根与他的学生还进一步提出了一种独到见解：断裂发生在两个特定基因之间的机会，将随两基因间距离的增加而增加。于是，两个遗传特性之间的距离可以根据它们的连锁遗传被重组分离的机会来估计。也就是说，既然基因之间的交换与其间的距离密切相关，那么我们就可以通过实验结果中交换发生的情况，反过来估计出基因之间的距离，并由此可以制作出基因在染色体上的排列图。摩尔根由此制作了基因在染色体上的位置图。

问题2： 如图3所示是科学家根据果蝇的遗传实验绘制出的果蝇某一条染色体上的某些基因的位置图，请回答：

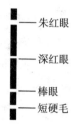

图3　基因在染色体上的位置图

（1）基因和染色体行为存在着明显的_____关系。

（2）绘出果蝇的基因在染色体上位置图的第一位学者是_____。

（3）染色体的主要成分是_____和_____。

（4）图中染色体上的朱红眼基因和深红眼基因是一对等位基因吗？_____为什么？_____。

参考答案：

（1）平行；（2）摩尔根；（3）DNA，蛋白质；（4）不是，等位基因应位于一对同源染色体的同一位置上，而图中朱红眼基因和深红眼基因位于同一染色体上。

发现贫血病的肝脏疗法

——1934年诺贝尔生理学或医学奖

一、获奖人

乔治·惠普尔（George Hoyt Whipple，1878年8月28日—1976年2月1日），美国医生。

乔治·理查兹·迈诺特（George Richards Minot，1885年12月2日—1950年2月25日），美国医生。

威廉·墨菲（William Parry Murphy，1892年2月6日—1987年10月9日），美国医学家。

二、颁奖词或获奖原因

通过一系列的科学实验，发现了每天食用300～600g的牛肝，就可以治疗贫血，通过补血肝脏疗法改变了医生用切除脾脏的传统方式来治疗贫血。

三、课本知识适切点

选择性必修模块1　稳态与调节。

概念1　生命个体的结构与功能相适应，各结构协调统一共同完成复杂的生命活动，并通过一定的调节机制保持稳态。

1.2　内环境的变化会引发机体的自动调节，以维持内环境的稳态。

1.2.1　以血糖、体温、pH和渗透压等为例，阐明机体通过调节作用保持内环境的相对稳定，以保证机体的正常生命活动。

四、科普性解读

1. 缺铁性贫血的病因

（1）需铁量增加而铁摄入不足。多见于婴幼儿、青少年、妊娠和哺乳期妇女。婴幼儿需铁量较大，若不补充蛋类、肉类等含铁量较高的辅食，易造成缺铁。青少年偏食易缺铁。女性妊娠或哺乳时，需铁量增加，易造成缺铁。

（2）铁吸收障碍。常见于胃大部切除术后，胃酸分泌不足且食物快速进入空肠，绕过铁的主要吸收部位（十二指肠），使铁吸收减少。此外，多种原因造成的胃肠道功能紊乱，如长期不明原因腹泻、慢性肠炎、克罗恩病等，均可因铁吸收障碍而发生缺铁。

（3）铁丢失过多。慢性长期铁丢失而得不到纠正则造成缺铁。例如，慢性胃肠道失血（包括痔疮、胃十二指肠溃疡、食管裂孔疝、消化道息肉、胃肠道肿瘤、寄生虫感染、食管/胃底静脉曲张破裂等）、月经量过多（宫内放置节育环、子宫肌瘤及月经失调等妇科疾病）、咯血和肺泡出血（肺含铁血黄素沉着症、肺出血—肾炎综合征、肺结核、支气管扩张、肺癌等）、血红蛋白尿（阵发性睡眠性血红蛋白尿、冷抗体型自身免疫性溶血、心脏人工瓣膜、行军性血红蛋白尿等）及其他（遗传性出血性毛细血管扩张症、慢性肾功能衰竭性血液透析、多次献血等）。

2. 缺铁性贫血的预防

重点放在婴幼儿、青少年和妇女的营养保健上。对婴幼儿，应及早添加富含铁的食品，如蛋类、肝、菠菜等；对青少年，应纠正偏食，定期查、治寄生虫感染；对孕妇、哺乳期妇女可补充铁剂；对月经期妇女应防治月经过多。做好肿瘤性疾病和慢性出血性疾病的人群防治。

五、科学思维（情境与问题）

情境：缺铁性贫血被公认是世界上普遍存在的一种症状，人体对铁的摄入不足，便会影响血红蛋白的合成，从而使红细胞中血红蛋白的含量显著减少，随之红细胞数量就减少，其结果会使人体内的单个细胞、组织出现供氧不足，导致缺铁性贫血出现。缺铁性贫血跟生活方式有着很大的关系。很多家庭已经换掉了铁锅，用上了各种不粘的铝锅、不锈钢锅等。如果长期不用铁锅炒菜，就会减少食物中所含的铁。另外，许多工作压力大的人都养成喝红茶或咖啡来提神的习惯，有的人一天换上好几次茶叶，茶叶和咖啡中的鞣酸和多酚会与铁离子形成难以吸收的化合物。

问题：人体缺铁时，红细胞中血红蛋白的含量会减少，红细胞输送氧的能力也会下降，这种现象说明铁在人体中具有下列哪种功能？（　　　）

A. 催化合成血红蛋白的反应　　　　B. 血红蛋白的组成成分

C. 调节细胞中液体的浓度　　　　　D. 调节血浆的pH

参考答案：

B。铁是合成血红蛋白的原料，不具有催化能力，A项错误；铁是合成血红蛋白的原料，B项正确；细胞中有很多的化学物质，尤其是有一些无机盐，可以调节细胞中液体的浓度，C项错误；血浆中的缓冲物质（如HCO_3^-/H_2CO_3）对血液具有缓冲作用，可调节血浆的pH，D项错误。

发现胚胎发育中背唇的诱导作用

——1935年诺贝尔生理学或医学奖

一、获奖人

汉斯·施佩曼（Hans Spemann，1869—1941），德国生物学家，同时也是实验胚胎学领域的先驱。

二、颁奖词或获奖原因

最早发现两栖类发育中的眼泡能诱导覆盖着它的表皮形成晶体，更为重要的是还发现胚孔的背唇，不仅自身发育为脊索肌肉等中胚层结构，并且能诱导覆盖在它上面的外胚层形成神经板。施佩曼称背唇为组织者。胚胎的中轴器官是由背唇和在背唇作用下产生的神经管组成的。这一发现为实验胚胎学开创了一个新的时代，推动了对发育机制的分析。

三、课本知识适切点

必修模块1　分子与细胞。

概念2　细胞的生存需要能量和营养物质，并通过分裂实现增殖。

2.3　细胞会经历生长、增殖、分化、衰老和死亡等生命进程。

2.3.2　说明在个体发育过程中，细胞在形态、结构和功能方面发生特异性的分化，形成了复杂的多细胞生物体。

四、科普性解读

胚胎诱导作用（embryonic induction）是指在胚胎发育中，一部分细胞在一定时期对其邻近的另一部分细胞产生影响，决定后者分化方向的作用。诱导作用普遍存在于胚胎发育时期的器官分化过程中。

诱导作用不仅在早期发育中有重要的意义，某些在较晚的发育阶段才形成的结构，如鸟类的羽毛、鳞片等上皮的衍生物，也是通过诱导作用产生的（见细胞分化）。移植实验指出：同一块胚胎上皮，移植到胚胎的翅膀上产生羽毛，移植到腿上产生鳞片；移植部位的中胚层，对上皮的分化起决定作用。哺乳类某些内部的腺体，如唾液腺、乳腺等在形成过程中，间质细胞对腺体上皮的诱导作用是关键性的，它可以影响腺体小管的形成和分支。在离体培养中，用一定孔径的微孔滤纸把两者隔开，间质细胞仍然有影响，说明起作用的是一种可以扩散的物质。

在个体发育过程中，不论是早期还是晚期，诱导作用是一个普遍现象。各种器官的形成都离不开一部分细胞对另一部分细胞的影响。根据目前已知的事例判断，在各种器官的诱导中，有不同的物质在起作用。但对这些物质的性质还缺乏了解。考虑到高等动物的个体中有各种各样的器官和组织，对不同的诱导物质进行逐一的了解当然也是必要的。但是，在诱导作用中也存在着共性的方面，这就是细胞的反应。不论哪种物质引起组织或器官的分化，最根本的是细胞起反应，这是共同的。因此，研究细胞的反应，研究细胞在受到诱导后如何调节基因的活动，产生应有的生物大分子，表现出应有的形态特征，对于研究各种器官的诱导都是十分重要的。在这方面，如果在某一点上有所突破，可能对于了解全部胚胎发育的机制都会产生影响。

五、科学思维（主题、情境与问题）

主题与情境： 三胚层的形成。

1. 内胚层与外胚层的形成

胚泡的内细胞团增殖分化，逐渐排列成两层细胞。靠近胚泡腔的一层称内胚层，内胚层与极端滋养层之间的一层称外胚层。

（1）胚盘：内胚层与外胚层相贴，形成一个圆盘状结构称胚盘，它是胎儿的原基。胚盘的外胚层面为背面，内胚层面为腹面。

（2）羊膜腔和卵黄囊：在内外胚层形成的同时，外胚层的背面形成一个腔称羊膜腔，内胚层的腹侧出现一个囊叫卵黄囊。

2. 中胚层的形成

胚胎在第3周初，外胚层的细胞向胚盘中轴线的一端迁移，形成一条细胞带，称原条。它的细胞进入内、外胚层之间，形成一个新的细胞层即中胚层。

（1）原结：胚盘出现原条的一端为尾端，另一端则为头端。原条的头端增厚，形成原结。

（2）脊索：原结的细胞向胚盘头端延伸为一条细胞索，称脊索。原条和脊索为胚胎早期的中轴结构。

3. 滋养层与胚外中胚层

胚胎在第2周，在内、外胚层形成的同时，滋养层增殖分化，形成内、外两层。外层细胞无边界，称合体滋养层；内层细胞边界清楚，称细胞滋养层。

细胞滋养层的部分细胞进入胚泡腔，形成星形细胞网，称胚外中胚层。胚盘尾侧与滋养层之间的部分胚外中胚层形成体蒂。

问题：人的胚胎发育早期所需要的营养来自（　　　）。

A. 卵黄　　　　B. 胎盘　　　　C. 输卵管　　　　D. 子宫

参考答案：

A。

发现神经冲动的化学传递

——1936年诺贝尔生理学或医学奖

一、获奖人

奥托·勒维（Otto Loewi，1873年6月3日—1961年12月25日），奥地利—德国—美国药理学家。

亨利·哈利特·戴尔爵士，OM，GBE，FRS（Sir Henry Hallett Dale，1875年6月9日—1968年7月23日），英国神经科学家。

二、颁奖词或获奖原因

在神经冲动的化学传递方面的研究。

三、课本知识适切点

选择性必修模块1　稳态与调节。

概念1　生命个体的结构与功能相适应，各结构协调统一共同完成复杂的生命活动，并通过一定的调节机制保持稳态。

1.3　神经系统能够及时感知机体内、外环境的变化，并做出调控各器官、系统的活动反应，实现机体稳态。

1.3.3　阐明神经冲动在突触处的传递通常通过化学传递方式完成。

四、科普性解读

神经系统由大量的神经元构成。这些神经元之间在结构上并没有原生质相连，仅互相接触，其接触的部位称为突触。由于接触部位的不同，突触主要可分为三类：①轴突—胞体式突触；②轴突—树突式突触；③轴突—轴突式突触。一个神经元的轴突末梢反复分支，末端膨大呈杯状或球状，称为突触小体，与突触后神经元的胞体或突起相接触。一个突触前神经元可与许多突触后神经元形成突触，一个突触后神经元也可与许多突触前神经元的轴突末梢形成突触。一个脊髓前角运动神经元的胞体和树突表面就有1800个左右的突触小体覆盖着，如图1所示。

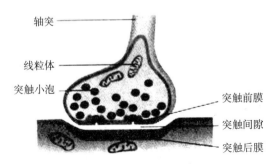

图1　化学性突触的传递机理

当神经冲动传至轴突末梢时，突触前膜兴奋，爆发动作电位和离子转移。此时，突触前膜对Ca^{2+}的通透性加大，Ca^{2+}由突触间隙顺浓度梯度流入突触小体，然后小泡内所含的化学递质以量子式释放的形式释放出来，到达突触间隙。化学递质释放出来后，通过突触间隙，扩散到突触后膜，与后膜上的特殊受体结合，改变后膜对离子的通透性，使后膜电位发生变化。这种后膜的电位变化称为突触后电位（postsynaptic potential）。由于递质及其对突触后膜通透性影响的不同，突触后电位有两种类型，即兴奋性突触后电位和抑制性突触后电位。

1. 兴奋性突触后电位（EPSP）

当动作电位传至轴突末梢时，突触前膜兴奋，并释放兴奋性化学递质（excitatory transmitter），递质经突触间隙扩散到突触后膜，与后膜的受体结合，使后膜对Na^+、K^+、Cl^-，尤其是对Na^+的通透性升高，Na^+内流，使后膜出现局部去极化，这种局部电位变化叫作兴奋性突触后电位（excitatory postsynaptic potential，EPSP）。它能以电紧张形式扩布，并能总和。如同一突触前末梢连续传来多个动作电位，或多个突触前末梢同时传来一排动作电位时，则兴奋性突触后电位就可叠加起来，使电位幅度加大，当达到阈电位时，即膜电位大约由-70mV去极化达-52mV左右时，便引起突触后神经元的轴突始段首先爆发动作电位，产生扩布性的动作电位，并沿轴突传导，传至整个突触后神经元，表现为突触后神经元的兴奋。此过程称为兴奋性突触传递。

2. 抑制性突触后电位（IPSP）

当抑制性中间神经元兴奋时，其末梢释放抑制性化学递质（inhibitory transmitter）。递质扩散到后膜，与后膜上的受体结合，使后膜对K^+、Cl^-尤其是对Cl^-的通透性升高，K^+外流和Cl^-内流，使后膜两侧的极化加深，即呈现超极化，此超极化电位叫作抑制性突触后电位（inhibitory postsynaptic potential，IPSP），此过程称为抑制性突触传递。

五、科学思维（主题、情境与问题）

主题： 神经冲动在突触间的传递。

情境： 神经冲动在突触间的传递是借助神经递质来完成的。当神经冲动到达轴突末梢时，有些突触小泡突然破裂，并通过突触前端的张口处将存储的神经递质释放出来。当这种神经递质经过突触间隙后，就迅速作用于突触后膜，并激发突触后神经元内的分子受体，从而打开或关闭膜内的某些离子通道，改变了膜的通透性，并引起突触后神经元的电位变化，实现神经冲动的传递。

问题： 突触前膜释放的神经递质与突触后膜上的特异性受体结合，可能会引起后一个神经元兴奋，也可能会引起后一个神经元抑制。为探究乙酰胆碱作用于某种神经元后，引起该神经元兴奋还是抑制，某生物兴趣小组利用电表和离体神经经做了如图2所示的实验。

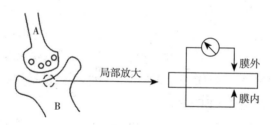

图2　离体神经元的电位变化

（1）将电表接于B神经元细胞膜内、外两侧，此时电表指针的偏转如图2所示，这是因为突触后膜处于_____（填"静息"或"兴奋"）状态，膜两侧的电位表现为_____，存在电位差，使电表指针向左偏转。

（2）在突触间隙注入一定量的乙酰胆碱，在注入乙酰胆碱的同时不能刺激A神经元，原因是_____。

（3）观察电表指针偏转方向，试说明可能的结果及结论_____。

参考答案：

（1）静息，外正内负；（2）刺激A神经元会引起突触前膜释放神经递质，对实验结果造成影响；（3）若电表指针向右偏转，则说明乙酰胆碱引起该神经元兴奋；若电表指针向左偏转且幅度更大，则说明乙酰胆碱引起该神经元抑制。

发现肌肉收缩原理

——1937年诺贝尔生理学或医学奖

一、获奖人

特·焦尔季，匈牙利著名生物化学家，分子生物学开创者之一。1893年9月16日出生，曾在剑桥大学实验室工作，出版了《肌肉收缩的化学》一书。

二、颁奖词或获奖原因

发现肌肉收缩原理。

三、课本知识适切点

选择性必修模块1　稳态与调节。

概念1　生命个体的结构与功能相适应，各结构协调统一共同完成复杂的生命活动，并通过一定的调节机制保持稳态。

1.3　神经系统能够及时感知机体内、外环境的变化，并做出调控各器官、系统活动的反应，实现机体稳态。

1.3.2　阐明神经细胞膜内外在静息状态具有电位差，受到外界刺激后形成动作电位，并沿神经纤维传导。

四、科普性解读

肌肉收缩是由于肌动蛋白微丝（细丝）在肌球蛋白微丝（粗丝）上滑行所致。在整个收缩的过程中，肌球蛋白微丝和肌动蛋白微丝本身的长度则没有改变。

微丝滑行的实际情况仍需进一步阐释，但相信肌球蛋白微丝的突起部分与肌动蛋白微丝上的一些特殊位置形成了一种称作肌动肌球蛋白的复合蛋白，其在腺嘌呤核苷三磷酸（ATP）的作用下，就能促使肌肉产生收缩的现象。

当肌肉收缩时，若肌动蛋白微丝向内滑行，使Z线被拖拉向肌节中央而导致

89

肌肉缩短了，这便称作向心收缩。例如，进行引体向上动作时，二头肌产生张力（收缩）并缩短，把身体向上提升，就是正在进行向心收缩。反过来说，在引体向上的下降阶段，肌动蛋白微丝向外滑行，使肌节在受控制的情况下延长并回复至原来的长度，这就是正在进行离心收缩。还有一种情况就是肌动蛋白微丝在肌肉收缩时并未滑动，而仍然保留在原来位置（如进行引体向上时，只把身体挂在横杆上），这便称作等长收缩。

五、科学思维（主题、情境与问题）

主题与情境：骨骼肌收缩的机械特性。

1. 骨骼肌的收缩形式与特点

（1）等长收缩：肌肉收缩时，只有张力增加而长度不变的收缩，称为等长收缩。特点是参与收缩的肌纤维长度发生改变、数量不变最终使张力改变。

（2）等张收缩：肌肉收缩时，只有长度缩短而张力不变的收缩，称为等张收缩。特点是参与收缩的肌纤维数量发生改变、长度不变最终使张力改变。

（3）伸长收缩：由于外力的作用超过了肌纤维横桥所能产生的力，肌肉被迫伸长，称为伸长收缩。特点是外力作用下的被动过程。

2. 单收缩

肌肉受到一次刺激，引起一次收缩和舒张的过程。

3. 复合收缩

肌肉受到连续刺激，前一次收缩和舒张尚未结束，新的收缩在此基础上出现的过程。

（1）不完全强直收缩：在刺激频率较低时，描记的收缩曲线呈锯齿状。

（2）完全强直收缩：当新刺激落在前一次收缩的缩短期，所出现的强而持久的收缩过程。

（3）机制：强直收缩是各次单收缩的机械叠加现象（并非动作电位的叠加，动作电位始终是分离的），所以，强直收缩的收缩幅度和收缩力比单收缩大。

问题：为了探究兴奋在神经元轴突上的传导是双向的还是单向的，某兴趣小组做了以下实验，取新鲜的神经—肌肉标本（实验期间用生理盐水湿润标本），设计了如图1所示的实验装置图（C点位于两电极之间的正中心，指针偏转方向与电流方向一致）。下列叙述错误的是（　　　）。

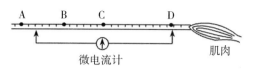

图1　实验装置图

A. 神经元轴突与肌肉之间的突触由突触前膜、突触间隙和突触后膜构成

B. A、B、D三点中任选一点给予适宜刺激，都会使指针发生两次方向相反的偏转

C. 无法得出结论的刺激点是C点

D. 兴奋在A、C之间传导所用的时间比兴奋从C点到肌肉所用的时间短

参考答案：

C。

发现呼吸调节中颈动脉窦和主动脉的机理

——1938年诺贝尔生理学或医学奖

一、获奖人

柯奈尔·海门斯，1892年3月28日出生在比利时根特，比利时医学家。1920年，海门斯在根特大学获得博士学位，之后开始在法兰西学院、洛桑大学、维也纳大学、伦敦大学和凯斯西储医学院任职。

二、颁奖词或获奖原因

发现呼吸调节中颈动脉窦和主动脉的机理，尤其是发现了颈动脉窦和主动脉弓的内壁有压力感受器，颈动脉体和主动脉体中有化学感受器，分别感受血压和血液中化学成分的变化，证明了呼吸和血压的调节机理。

三、课本知识适切点

选择性必修模块1　稳态与调节。

概念1　生命个体的结构与功能相适应，各结构协调统一共同完成复杂的生命活动，并通过一定的调节机制保持稳态。

1.2　内环境的变化会引发机体的自动调节，以维持内环境的稳态。

1.2.2　举例说明机体不同器官、系统共同协调统一地完成各项生命活动，是维持内环境稳态的基础。

四、科普性解读

在海门斯之前，已经有两位科学家发现钳夹颈部血管会引起呼吸的变化。海门斯更进一步在对狗的颈部血管进行大量实验后发现，在位于颈动脉分叉的动脉窦处同样存在一个感受器，当血管内压力变化时，该感受器一样能够引起神经反射并作用于呼吸中枢，调节呼吸活动。

此后，海门斯又通过实验证实了颈动脉窦和主动脉处的两个神经感受器还能够感知体液的化学变化。也就是说，主动脉和颈动脉窦处的神经感受器既包含压力感受器部分，又包含化学感受器部分。于是，无论是血压变化还是血氧浓度变化引起的呼吸调节，都通过神经感受器诱导的反射活动得到了解释。此后，海门斯等又对这两处神经感受器的结构和功能做了准确阐述。

就这样，凭借精巧的手术和扎实的实验，海门斯和他的狗又一次为生理学做出了重要贡献。海门斯的发现加深了人类对于呼吸以及循环调节的认识，利用按摩颈动脉窦产生的慢心率反射长期以来被临床医生尝试用于终止某些快速型心律失常。

五、科学思维（主题、情境与问题）

主题与情境：中等量以下的出血，血压回升机理是什么？

人体急性中等量以下失血（失血量占血量20%以下）造成血液总量减少时，血压回升。根据这些代偿性反应出现的先后大致可分为四期。

1. 神经反射期

出现最快的反应是交感神经系统兴奋，缩血管神经付出冲动增多，使外周阻力血管和容量血管收缩。失血初期，动脉血压无改变时，首先是容量感受器传入冲动减小，引起交感神经兴奋。当失血量继续增加，循环血量减少到引起动脉血压下降时，颈动脉窦和主动脉弓压力感受器所受的压力刺激减弱，如果血压降到8kPa（60mmHg）以下，颈动脉体和主动脉体化学感受器所受的刺激增强。这样，降压反射减弱和化学感受性反射增强，使心搏频率加快，心缩力量增强，呼吸运动加强。结果，动脉血压下降趋势得以缓解。另外，脑和心脏以外的许多器官，特别是皮肤、微腹腔脏器等处的小动脉和微动脉强烈收缩，除可增加外周阻力使血压升高外，还可使循环血量重新分配，优先供应心、脑等重要器官。此外，容量血管收缩使得在血量减少的情况下仍有足够的回心血量和心输出血量。应激时激发交感—肾上腺髓质释放大量儿茶酚胺，经血液运送，参与增强心脏活动和收缩血管等调节过程。

2. 组织液回流期

第二个比较早期的反应是毛细血管对组织液的重吸收，在失血后约1小时内发生。由于交感缩血管神经兴奋，使毛细血管血压降低，并且毛细血管前阻力和后阻力的比值增大，故组织液的回流大于生成，水分重吸收入毛细血管。这一反应对血浆量的恢复和血压的回升起到重要作用。

3. 体液调节期

机体在失血约1小时后出现得比较延缓的第三个代偿反应是应激时引起垂

体—肾上腺皮质系统活动增强，分泌大量的糖皮质激素、胰高血糖素等激素，以提供能源；同时血管紧张素Ⅱ、醛固酮和血管升压素释放亦增加。这些体液除了有收缩血管的作用外，更重要的是能促进肾小管对Na^+和水的重吸收，以利于血量的恢复。血管紧张素Ⅱ还能引起渴觉和饮水行为，使机体通过饮水增强细胞外液量。

4. 血液补充期

出血后最为缓慢的反应过程是血液中血浆蛋白和红细胞的补充。血浆蛋白由肝脏加速合成，在一天或更长的时间内逐渐恢复；红细胞则由骨髓造血组织加速生成，约需数周方能完全恢复。

问题：血液中H^+浓度变化调节呼吸运动的主要刺激部位是（　　　）。

A. 颈动脉体和主动脉体

B. 颈动脉窦和主动脉弓

C. 支气管壁内肺牵张感受器

D. 肺毛细血管旁感受器

E. 延髓腹侧面化学感受器

参考答案：

B。

研究和发现磺胺药

——1939年诺贝尔生理学或医学奖

一、获奖人

格哈特·杜马克（Gerhard Johannes Paul Domagk，1895年10月30日—1964年4月24日），出生于德国勃兰登堡邦，德国病理学家与细菌学家。

二、颁奖词或获奖原因

发明了磺胺类药物。

三、课本知识适切点

选择性必修模块1　稳态与调节。

概念1　生命个体的结构与功能相适应，各结构协调统一共同完成复杂的生命活动，并通过一定的调节机制保持稳态。

1.5　免疫系统能够抵御病原体的侵袭，识别并清除机体内衰老、死亡或异常的细胞，实现机体稳态。

1.5.1　举例说明免疫细胞、免疫器官和免疫活性物质等是免疫调节的结构与物质基础。

四、科普性解读

1932年，德国化学家合成了一种名为"百浪多息"的红色染料，因其中包含一些具有消毒作用的成分，所以曾被零星用于治疗丹毒等疾患。然而在实验中，它在试管内却无明显的杀菌作用，因此没有引起医学界的重视。

同年，德国生物化学家格哈特·杜马克在试验过程中发现，百浪多息对于感染溶血性链球菌的小白鼠具有很好的疗效。后来，他又用兔、狗进行试验，都获得成功。这时，他的女儿得了链球菌败血病，奄奄一息，他在焦急不安中决定使用百浪多息，结果女儿得救。

令人奇怪的是，百浪多息只有在体内才能杀死链球菌，而在试管内则不能。巴黎巴斯德研究所的特雷富埃尔和他的同事断定，百浪多息一定是在体内变成了对细菌有效的另一种东西。于是他们着手对百浪多息的有效成分进行分析，分解出氨苯磺胺。其实，早在1908年就有人合成过这种化合物，可惜它的医疗价值当时没有被人们发现。随后，磺胺的名字很快在医疗界广泛传播开来。

1937年制出磺胺吡啶，1939年制出磺胺噻唑，1941年制出了磺胺嘧啶……这样，医生就可以在一个"人丁兴旺"的"磺胺家族"中挑选适用于治疗各种感染的药了。

五、科学思维（主题、情境与问题）

主题与情境1： "流感"和"感冒"不是一种病，抗生素不能随便吃。

入冬以来，各大医院的呼吸科都存在患者爆满的现象，其中病毒性感冒是主要病症之一。专家介绍说，病毒性感冒是常见的一种疾病，包括普通感冒（上呼吸道感染）、流行性感冒和病毒性咽炎等，主要通过空气或手接触经由鼻腔传染。流行性感冒是由流感病毒引起的急性呼吸道传染病，病毒存在于患者的呼吸道中，在患者咳嗽、打喷嚏时经飞沫传染。由于其传染性强、传播途径不易控制、传播速度快、传播范围广，较难有效控制，危害很大。而普通感冒是由鼻病毒、冠状病毒及副流感病毒等引起，较流行性感冒传染性要弱得多，往往个别出现，当机体抵抗力下降时才容易患病。

按照引起感冒的微生物区分，可分为病毒性感冒和细菌性感冒。病毒性感冒有普通感冒、流行性感冒和病毒性咽炎等，症状为头痛、全身肌肉酸痛、乏力。细菌性感冒有细菌性咽扁桃体炎等。

抗生素是用来抵抗细菌的，对病毒没有效果，所以滥用抗生素并不能带来治疗效果，并且可能产生毒副作用。滥用抗生素还会导致大量耐药菌株的出现。当感冒症状严重或者并发其他症状时，应及时就诊，在明确有细菌感染或者有并发症时，要在医生指导下选择抗生素。

抗生素只能消灭细菌，对病毒没有用。一个年老的人，抵抗能力很弱，他可以用一些抗生素，小孩子在成长的某个阶段，他的免疫系统是需要训练的，如果完全没有训练过，他的免疫系统会很弱，容易过敏，为什么呢？因为一个小孩子在成长的阶段，没有训练过他的免疫系统，没有让他自己去抵抗细菌病毒，有一天真正来了一个很毒的物质，他就抵抗不了。我们的免疫系统是有记忆力的，如去年碰到过这个病毒，今年又遇到这个病毒，你不会有症状，因为已经有了抗体。小孩子得了中耳炎，用了抗生素，他好了，过不多久又会感染，抗生素除了出现耐药性外，最大的副作用是抑制骨髓细胞的分泌，骨髓细胞是免疫细胞的发源地。

问题1：链球菌感染引发的溶血性链球菌败血症除能用磺胺类药物治疗外，还能够用哪一类药物治疗？

参考答案：

抗生素。

主题与情境2：细菌耐药性与抗生素的使用。

细菌耐药性（resistance to drug），又称抗药性，指细菌对于抗菌药物作用的耐受性，耐药性一旦产生，药物的作用就明显下降。自然界中的病原体，如细菌的某一株也会存在天然耐药性。当长期应用抗生素时，占多数的敏感菌株不断被杀灭，耐药菌株就大量繁殖，代替敏感菌株，而使细菌对该种药物的耐药率不断升高。目前认为后一种方式是产生耐药菌的主要原因。为了保持抗生素的有效性，应重视其合理使用。

耐药性可分为固有耐药性（intrinsic resistance）和获得性耐药性（acquired resistance）。固有耐药性又称天然耐药性，是由细菌染色体基因决定，代代相传，不会改变，如链球菌对氨基糖苷类抗生素天然耐药，肠道G-杆菌对青霉素天然耐药，铜绿假单胞菌对多数抗生素均不敏感。获得性耐药性是由于细菌与抗生素接触后，由质粒介导，通过改变自身的代谢途径，使其不被抗生素杀灭。如金黄色葡萄球菌产生β-内酰胺酶而耐药。细菌的获得性耐药性可因不再接触抗生素而消失，也可由质粒将耐药基因转移给染色体而代代相传，成为固有耐药性。

问题2：论述抗菌药物治疗应用的基本原则。

参考答案：

抗菌药物治疗应用的基本原则为：诊断为细菌性感染者，方有指征应用抗菌药物；尽早查明感染病原，根据病原种类及细菌药物敏感实验结果选用抗菌药物；按照药物的抗菌作用特点及综合患者病情、病原菌种类制订治疗方案，避免出现耐药性。

维生素K及其化学性质

——1943年诺贝尔生理学或医学奖

一、获奖人

亨利克·达姆（1895年2月21日—1976年4月18日），丹麦生物化学家、生理学家。他一生兢兢业业，硕果累累，仅他单独发表和与人合作发表的生物化学论文就多达315篇。1943年，他和美国科学家多伊西分享了诺贝尔生理学或医学奖。获奖的主要原因是：在1929—1934年，亨利克·达姆发现了与凝血有关的维生素，即维生素K；多伊西在1939年合成了维生素K，并确定了它的结构。

二、颁奖词或获奖原因

发现维生素K及其化学性质。

三、课本知识适切点

必修模块1　分子与细胞。
概念1　细胞是生物体结构与生命活动的基本单位。

1.1　细胞由多种多样的分子组成，包括水、无机盐、糖类、脂质、蛋白质和核酸等，其中蛋白质和核酸是两类最重要的生物大分子。

1.1.3　举例说出无机盐在细胞内含量虽少，但与生命活动密切相关。

四、科普性解读

维生素K又叫凝血维生素，是维生素的一种，天然的维生素K已经发现有两种：一种是在苜蓿中提出的油状物，称为维生素K_1；另一种是在腐败鱼肉中获得的结晶体，称为维生素K_2。维生素K_1为黄色油状物，熔点为-20℃；维生素K_2为黄色晶体，熔点为$53.5\sim54$℃，不溶于水，能溶于醚等有机溶剂。达姆于1929年从动物肝和麻子油中发现并提取维生素K。它具有防止新生婴儿出血疾病、预防内出血及痔疮、减少生理期大量出血、促进血液正常凝固的作用，在绿色蔬菜中含量较多。

维生素K是具有叶绿醌生物活性的一类物质。有维生素K_1、维生素K_2、维生素K_3、维生素K_4等几种形式，其中维生素K_1、维生素K_2是天然存在的，是脂溶性维生素，即从绿色植物中提取的维生素K_1和肠道细菌（如大肠杆菌）合成的维生素K_2。而维生素K_3、维生素K_4是通过人工合成的，是水溶性的维生素。最重要的是维生素K_1和维生素K_2。维生素K是黄色晶体，熔点为52～54℃，通常呈油状液体或固体，不溶于水，能溶于油脂及醚等有机溶剂。所有维生素K的化学性质都较稳定，能耐酸、耐热，正常烹调中只有很少损失，但对光敏感，也易被碱和紫外线分解。

五、科学思维（主题、情境与问题）

主题与情境：哪种食物中含有维生素K，它有什么功效呢？

维生素K于1929年由丹麦化学家达姆从动物肝和麻子油中发现并提取。它是黄色晶体，熔点为52～54℃，不溶于水，能溶于醚等有机溶剂。维生素K化学性质较稳定，能耐热、耐酸，但易被碱和紫外线分解。它在人体内能促使血液凝固。人体缺少它，凝血时间会延长，严重者会流血不止，甚至死亡。奇怪的是，人的肠中有一种细菌会为人体源源不断地制造维生素K，加上其在猪肝、鸡蛋、蔬菜中含量较丰富，因此，一般人不会缺乏。目前维生素K已能人工合成，且化学家能巧妙地改变它的"性格"为水溶性，有利于人体吸收，已广泛地用于医疗上。

问题：生活在人体大肠内的某些细菌能合成人体所需的维生素K，这类细菌与人体的关系是共生。_____（判断对错）

参考答案：

两种生物共同生活在一起，相互依赖、彼此有利，一旦分开，两者都不能独立生活，这种现象叫作共生。例如，人的大肠内能够制造维生素的细菌，能够为人体提供维生素，同时，人体为这些细菌提供了生活场所和营养物质，两者之间彼此有利，是共生关系。故答案为：√。

从事有关神经纤维机制的研究

——1944年诺贝尔生理学或医学奖

一、获奖人

约瑟夫·厄尔兰格（Joseph Erlanger，1874年1月5日—1965年12月5日），美国生理学家。

赫伯特·斯潘塞·加塞（Herbert Spencer Gasser，1888年7月5日—1963年5月11日），美国生理学家。

二、颁奖词或获奖原因

研究神经纤维的电学性能时，他们应用布劳恩的示波器来放大所检测的电流，这种方法测出不同的神经纤维是以不同的速度来传导冲动的，传导的速度与纤维的粗细成正比。

三、课本知识适切点

选择性必修模块1　稳态与调节。

概念1　生命个体的结构与功能相适应，各结构协调统一共同完成复杂的生命活动，并通过一定的调节机制保持稳态。

1.3　神经系统能够及时感知机体内、外环境的变化，并做出调控各器官、系统活动的反应，实现机体稳态。

1.3.2　阐明神经细胞膜内外在静息状态具有电位差，受到外界刺激后形成动作电位，并沿神经纤维传导。

四、科普性解读

神经元胞质（胞浆）的延长部分称为神经纤维，也叫突起。神经纤维的粗细各异，直径约在十分之几微米（1微米等于1/1000毫米）至100微米，有的很短，只有几微米；有的很长，可达1米左右。外有绝缘性髓鞘包着的，叫有髓鞘纤维；没有明显髓鞘的，叫无髓鞘纤维。纤维内充满半流动性的神经浆，浆内有微管、微丝、线粒体、内质网等，具有维持突起生长和运输的作用。许多平行的神经纤维集合成束，即是神经。

神经细胞兴奋后，将出现一系列有次序的变化，然后恢复正常。

五、科学思维（主题、情境与问题）

主题与情境：兴奋在神经纤维上的传导。

传导过程：静息时，由于K^+离子外流，膜内电位为负，膜外电位为正。受刺激产生兴奋时，兴奋部位膜内外迅速发生了一次电位变化，邻近的未兴奋部位仍然维持原来的外正内负。兴奋部位与邻近的未兴奋部位之间形成了电位差，于是就有了电荷的移动，在细胞膜内的兴奋部位与邻近的未兴奋部位之间也形成了电位差，也有电荷的移动，这样就形成了局部电流。电流在膜外由未兴奋部位流向兴奋部位，在膜内则由兴奋部位流向未兴奋部位，从而形成了局部电流回路。这种局部电流又刺激相邻的未兴奋部位发生上述同样的电位变化，又产生局部电流，如此依次进行下去，兴奋不断向前传导，而已经兴奋的部位又不断依次恢复原静息电位。兴奋就按照这样的方式沿着神经纤维迅速向前传导。

问题：图1表示受到刺激后的神经纤维上的电位变化曲线，图2表示兴奋的传导过程，下列相关叙述中正确的是（　　　　）。

A．a～c阶段与①～③阶段Na^+内流不耗能

B．a～c阶段与③～⑤阶段Na^+内流不耗能

C．c～e阶段与③～⑤阶段所开放的离子通道不一样

D．c～e阶段与①～③阶段所开放的离子通道一样

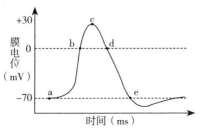

图1　受到刺激后的神经纤维上的电位变化曲线　　　　图2　兴奋的传导过程

参考答案：

A。

发现青霉素以及青霉素对传染病的治疗效果

——1945年诺贝尔生理学或医学奖

一、获奖人

亚历山大·弗莱明（Alexander Fleming，1881年8月6日—1955年3月11日），英国微生物学家。

霍华德·弗洛里，1898年9月24日生于澳大利亚阿德莱德。弗洛里在高分子物理化学方面的贡献几乎遍及各个领域。他既是实验家又是理论家，是高分子科学理论的主要开拓者和奠基人之一。

恩斯特·伯利斯·柴恩（Sir Ernst Boris Chain，1906年6月19日—1979年8月12日），一位出生于德国的英国生物化学家。

二、颁奖词或获奖原因

通过研究和实验，发现了一种能杀死细菌的霉菌，1928年，弗莱明把这种霉菌称为青霉素，为抗生素在现代医疗保健中的应用铺平了道路。

三、课本知识适切点

选择性必修模块1　稳态与调节。

概念1　生命个体的结构与功能相适应，各结构协调统一共同完成复杂的生命活动，并通过一定的调节机制保持稳态。

1.5　免疫系统能够抵御病原体的侵袭，识别并清除机体内衰老、死亡或异常的细胞，实现机体稳态。

1.5.1　举例说明免疫细胞、免疫器官和免疫活性物质等是免疫调节的结构与物质基础。

四、科普性解读

1928年9月，弗莱明回到实验室，他注意到他所遗漏的金黄色葡萄球菌培养物被霉菌污染了，后来这种霉菌被鉴定为青霉菌。他还发现这种霉菌周围葡萄球菌的菌落已经被破坏。

弗莱明认为他已经发现了一种比溶菌酶更强大的酶，于是决定进行进一步研究。然而他发现，它根本不是一种酶，而是一种抗生素。这种物质的进一步发展并不是像他以前所做的那样是一个人的行动，所以弗莱明招募了两名年轻的研究人员，遗憾的是，这三个人未能稳定和纯化青霉素，但弗莱明指出，如果能够得到适当的发展，青霉素在局部和注射方面都有临床潜力。

紧接着，一个由霍华德·弗洛里和他的同事恩斯特·柴恩领导的牛津大学的科学家小组分离并纯化了青霉素。这种抗生素最终在第二次世界大战期间开始使用，使战场上的医学发生了革命性的变化，并且在更广泛范围的感染控制领域也得到了应用。

五、科学思维（主题、情境与问题）

主题与情境：传染病的传播途径。

1. 传播途径

传播途径指病原体自传染源排出后，在传染给另一易感者之前在外界环境中所行经的途径。一种传染病的传播途径可以是单一的，也可以是多个的。传播途径可分为水平传播和垂直传播两类。

2. 空气传染

有些病原体在空气中可以自由散布，直径通常为5微米，能够长时间浮游于空气中，做长距离的移动，主要借由呼吸系统感染，有时亦与飞沫传染混称。

3. 飞沫传染

飞沫传染是许多感染原的主要传播途径，借由患者咳嗽、打喷嚏、说话时，喷出温暖而潮湿之液滴，病原附着于其上，随空气扰动飘散，短时间、短距离地在风中飘浮，在下一位宿主因呼吸、张口或偶然碰触到眼睛表面时黏附，造成新的宿主受到感染。例如，细菌性脑膜炎、水痘、普通感冒、流行性感冒、腮腺炎、结核、麻疹、德国麻疹、百日咳等。由于飞沫质、量均小，难以承载较重之病原，因此，寄生虫感染几乎不由此途径传染给其他个体。

4. 粪口传染

粪口传染常见于发展中国家卫生系统尚未健全、教育倡导不周的情况下，未处理之废水或受病原沾染物直接排放于环境中，可能污损饮水、食物或碰触口、鼻黏膜之器具，以及如厕后清洁不完全，借由饮食过程可导致食入者感染。主要病原可为病毒、细菌、寄生虫，如霍乱、A型肝炎、小儿麻痹、轮状病毒、弓形虫感染症（T.gondii），发达国家也可能发生。有时，某些生物因体表组织构造不足以保护个体，可能因接触患者的排泄物而受到感染，正常情况下，在人类族群中不会发生这种特例。

5. 接触传染

经由直接碰触而传染的方式称为接触传染，这类疾病除了直接触摸、亲吻患者外，也可以通过共享牙刷、毛巾、刮胡刀、餐具、衣物等贴身物体，或是因患者接触后，在环境中留下病原达到传播的目的。因此，此类传染病较常发生在学校、军队等物品可能不慎共享的场所。例如，真菌感染的香港脚、细菌感染的脓包症（impetigo）、病毒在表皮引起增生的疣，而梅毒的情况特殊，通常是健康个体接触感染者的硬性下疳（chancre）所致。

性传染疾病包括任何可以借由性行为传染的疾病，因此属于接触传染的一种，但因艾滋病在世界流行状况甚为严重，医学中有时会独立探讨。通常主要感染原为细菌或病毒，借由直接接触生殖器的黏膜组织、精液、阴道分泌物或直肠所携带之病原，传递至性伴侣导致感染。若这些部位存有伤口，则病原可能通过血液感染带至全身各处。

6. 垂直传染

垂直传染专指胎儿由母体得到的疾病。拉丁文以"inutero"表示"在子宫"的一种传染形式，通常通过此种传染方式感染胎儿疾病的病原体，多以病毒和活动力高的小型寄生虫为主，可以经由血液输送，或是具备穿过组织或细胞的能力，因此可以透过胎盘在母子体内传染，如艾滋病和B型肝炎。细菌、真菌等微生物虽较罕见于垂直感染，但是梅毒螺旋体可在分娩过程中，由于胎儿的黏膜部位或眼睛接触到母体阴道受感染之黏膜组织而染病；且有少数情况是在哺乳时通过乳汁分泌感染给新生儿的。后两种传播途径也都属于垂直感染的范畴。

7. 血液传染

主要通过血液、伤口的感染方式，将疾病传递至另一个个体身上的过程即血液传染。常见于医疗使用注射器材、输血技术的疏失，因此许多医疗院所要求相关医疗程序的施行，必须经过多重、多人的确认以免伤害患者，于捐血、输血时，也针对捐赠者和接受者进行相关生理状况的进一步检验，降低此类感染的风险，但由于毒品的使用，共享针头的情况可造成难以预防的感染，尤其是对于艾滋病的防范更加困难。

问题： 下列疾病中，应该用抗生素类药物来治疗的疾病是（　　　　）。

A. 贫血　　　B. 肺炎　　　C. 侏儒症　　　　D. 甲型H1N1流感

参考答案：

B。

发现用X射线可以使基因发生突变

——1946年诺贝尔生理学或医学奖

一、获奖人

赫尔曼·约瑟夫·马勒（Hermann Joseph Muller），1890年12月21日出生于美国纽约，祖籍德国，祖父于1848年革命后来到美国。马勒从小喜欢收集昆虫和小动物，常随父亲到野外郊游和到自然历史博物馆参观，对生物进化和自然科学有浓厚兴趣。

二、颁奖词或获奖原因

发现用X射线可以使基因发生突变。

三、课本知识适切点

必修模块2　遗传与进化。

概念3　遗传信息控制生物性状，并代代相传。

3.3　由突变和基因重组引起的变异是可以遗传的。

3.3.3　描述细胞在某些化学物质、射线以及病毒的作用下，基因突变概率可能提高，而某些基因突变能导致细胞分裂失控，甚至发生癌变。

四、科普性解读

马勒是辐射遗传学的创始人。1912年他进入"蝇室"对果蝇的自然突变体进行研究并取得不小进展。但是，马勒认为，在自然条件下果蝇的突变概率是很低的。为了提高基因的突变概率，马勒决定采用强有力的、由放射源产生的短波电磁辐射这样的"利器"来干预基因。从1921年开始，整整10年，马勒在得克萨斯大学的一间地下室里，不知疲倦地探索用射线诱发基因突变以及检测这些突变的方法。他采用X射线照射果蝇，发现X射线能大大提高基因的突变概率，在一定范围内突变率与辐射剂量成正比。在《基因的人工诱变》一文中，他写道："已

105

十分肯定地发现，用较高剂量的X射线处理精子，能诱发受处理的生殖细胞发生高比例的真正的'基因突变'。高剂量处理的突变率要比未受处理的生殖细胞高出约15000%。"马勒同时还指出：X射线既可引起基因突变，也可引起染色体畸变；用X射线诱发的可见突变中，绝大多数为隐性突变，但也有少量的显性突变；无论是显性突变还是隐性突变，往往出现致死效应。

五、科学思维（主题、情境与问题）

主题与情境：诱变育种的发展简史。

诱变育种是指用物理、化学因素诱导动植物的遗传特性发生变异，再从变异群体中选择符合人们某种要求的单株/个体，进而培育成新的品种或种质的育种方法。它是继选择育种和杂交育种之后发展起来的一项现代育种技术。

1927年马勒发现X射线能引起果蝇发生可遗传的变异。1928年美国L.J.斯塔特勒证实X射线对玉米和大麦有诱变效应。此后，瑞典H.尼尔松—埃赫勒和A.古斯塔夫森在1930年利用辐射得到了有实用价值的大麦突变体；D.托伦纳在1934年利用X射线育成了优质的烟草品种"赫洛里纳"。1942年C.奥尔巴克发现芥子气能导致类似X射线所引起的各种突变，1948年A.古斯塔夫森用芥子气诱发大麦产生突变体。20世纪50年代以后，诱变育种方法得到改进，成效更为显著，如美国用X射线和中子引变，育成了用杂交方法未获成功的抗枯萎病的胡椒薄荷品种Todd's Mitcham等。20世纪70年代以来，诱变因素从早期的X射线发展到γ射线、中子，多种化学诱变剂和生理活性物质，诱变方法从单一处理发展到复合处理，同时，诱变育种与杂交育种、组织培养等密切结合，大大提高了诱变育种的实际意义。

世界各国通过诱变已育成500多个植物品种，还有大量有价值的种质资源。中国的诱变育种同样成绩斐然，在过去的几十年中，经诱变育成的品种数一直占到同期育成品种总数的10%左右。例如，水稻品种原丰早，小麦品种山农辐63，还有玉米的鲁原单4号、大豆的铁丰18、棉花的鲁棉1号等都是通过诱变育成的。当然与其他技术一样，诱变育种也有自身的弱点：一是诱变产生的有益突变体概率低；二是还难以有效地控制变异的方向和性质。另外，诱发并鉴定出数量性状的微突变比较困难。因此，诱变育种应该与其他技术相结合，同时谋求技术上的自我完善。

问题：下列属于诱变育种实例的是（　　　　）。

A. 八倍体小黑麦　　　　B. 高产青霉菌　　　　C. 无籽葡萄　　　　D. 抗虫棉

参考答案：

B。

发现糖代谢中的酶促反应

——1947年诺贝尔生理学或医学奖

一、获奖人

卡尔·斐迪南·科里（Carl Ferdinand Cori，1896年12月5日—1984年10月20日），生于布拉格，美国生物化学家。

格蒂·特蕾莎·科里（Gerty Theresa Cori，出生名为拉德尼茨，Radnitz，1896年8月15日—1957年10月26日），美国生物化学家。

贝尔纳多·阿尔韦托·奥赛（Bernardo Alberto Houssay，1887年4月10日—1971年9月21日），阿根廷医生。

二、颁奖词或获奖原因

发现糖代谢中的酶促反应。

三、课本知识适切点

必修模块2　遗传与进化。

概念3　遗传信息控制生物性状，并代代相传。

3.1.4　概述DNA分子上的遗传信息通过RNA指导蛋白质的合成，细胞分化的本质是基因选择性表达的结果，生物的性状主要是由蛋白质决定的。

模块3　稳态与环境。

概念1　生命个体的结构与功能相适应，各结构协调统一共同完成复杂的生命活动，并通过一定的调节机制保持稳态。

1.2.1　以血糖、体温、pH和渗透压等为例，阐明机体通过调节作用保持内环境的相对稳定，以保证机体的正常生命活动。

四、科普性解读

科里循环（Cori cycle，以其发现者卡尔·斐迪南·科里和格蒂·特蕾莎·科里命名）指的是骨骼肌细胞通过糖酵解分解葡萄糖或糖原获得能量，其产物丙酮酸经转化成为乳酸，乳酸通过血液到肝，在那里经过糖异生，重新生成葡萄糖，而葡萄糖会再随血液到达骨骼肌。这一过程被称为科里循环。但这个过程同时会牵涉到谷氨酸代谢，部分的尿素循环和柠檬酸循环。

五、科学思维（主题、情境与问题）

主题：肝糖原累积症。

情境：科里夫妇发现了能将糖原分解为葡萄糖-1-磷酸和磷酸盐的酶——磷酸化酶，彻底弄清了糖原分解的最初步骤。与此同时，格蒂还研究了糖原累积症，确认了至少四种形式，每一种分别对应了特定的酶缺陷。她是第一个揭示酶缺陷会导致人类基因疾病的科学家。其中，肝糖原累积症是糖原累积症最常见的类型，是肝内葡萄糖-6-磷酸酶缺乏所致。临床表现轻重不一：重症在新生儿期即可出现严重低血糖、酸中毒、呼吸困难和肝肿大等症状；轻症病例则常在婴幼儿期因生长迟缓、腹部膨胀等就诊。由于慢性乳酸酸中毒和长期胰岛素/胰高糖素比例失常，患儿身材明显矮小，骨龄落后，骨质疏松，腹部因肝持续增大而膨隆显著，肌肉松弛，四肢伸侧皮下常有黄色瘤可见，但身体各部比例和智能等都正常。患儿时有低血糖发作和腹泻发生。本病的病理生理基础是在空腹低血糖时，由于胰高糖素的代偿分泌促进了肝糖原分解，导致了患儿体内6-磷酸葡萄糖累积和由此生成过量的乳酸、三酸甘油酯和胆固醇等一系列病理生化过程。因此，从理论上讲，任何可以保持正常血糖水平的方法都可阻断这种异常的生化过程，减轻临床症状。

问题：

（1）肝糖原累积症的病人能否通过口服葡萄糖-6-磷酸酶制剂来得到治疗？为什么？如果不能，还能怎样从根本上解决这一问题？

（2）通过上述资料，请问可以通过什么治疗方式纠正该病的异常生化改变和改善临床症状。

参考答案：

（1）葡萄糖-6-磷酸酶本质是蛋白质，口服会被胃蛋白酶水解，影响酶的功能。根本上解决可以选择基因修复来治疗，不过目前尚处于实验阶段。

（2）用日间多次少量进食和夜间使用鼻饲管持续点滴高碳水化合物液的治疗方案，以维持血糖水平稳定等方式。

发现并合成了高效有机杀虫剂DDT

——1948年诺贝尔生理学或医学奖

一、获奖人

保罗·赫尔曼·穆勒（Paul Hermann Müller，1899年1月12日—1965年10月12日），出生于瑞士奥尔登，瑞士化学家。

二、颁奖词或获奖原因

发现并合成了高效有机杀虫剂DDT。

三、课本知识适切点

选择性必修模块2　生物与环境。

概念2　组成生态系统的生物成分与非生物成分相互影响，共同实现系统的物质循环、能量流动和信息传递，生态系统通过自我调节保持相对稳定的状态。

2.2.6　阐明某些有害物质会通过食物链不断地富集的现象。

四、科普性解读

DDT，英文名称：clofenotane。

分子式：$C_{14}H_9Cl_5$，如图1所示。

中文别名：二氯二苯基三氯乙烷；2，2-双-（对氯苯基）-1，1，1-三氯乙烷。

DDT为白色晶体，不溶于水，溶于煤油，可制成乳剂，是有效的杀虫剂，由三氯乙醛与一氯化苯在发烟硫酸存在下缩合而得。DDT曾是广泛使用的杀虫剂之一，具有胃毒和触杀作用，可加工成粉剂、乳剂或油剂使用。DDT不易被降解成无毒物质，使用中易造成积累从而污染环境。残留于植物中的DDT，可通过食物链或其他途径进入人和动物体内，使其沉积中毒，影响健康，目前已禁止使用。

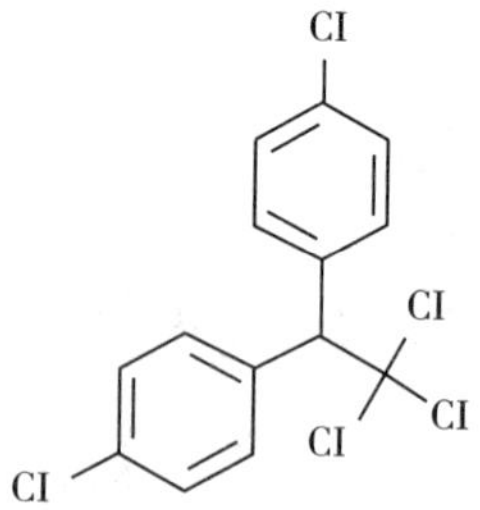

图1　DDT的化学结构式

五、科学思维（主题、情境与问题）

主题：DDT的危害。

情境：1962年，雷切尔·卡森（Rachel Carson）里程碑式的著作《寂静的春天》向全世界通报了DDT的危害。自20世纪30年代起，它便大范围被应用于工业和家庭用品的生产。人们发现DDT不与其他的化学物质发生反应，便认为是特别安全的，因其在化学反应上的惰性被称为"神奇的物质"。因为施用DDT杀灭蚊、蝇以及多种农作物害虫的效果十分显著，DDT的发明者因此而获得了诺贝尔奖。当用大型喷雾器喷洒DDT时，大约只有5%的DDT洒落到植物的枝叶上，其余部分则散布到大气中和地表上。DDT没有被人预见到的特性之一，是对生物机体脂肪的亲和力，它们很容易在脂肪中溶解。人们后来发现，在北极的某些鱼体内，DDT的浓度比它所生活的水域高15.9万倍；北极熊体内积聚的含量是它周围环境的30亿倍；远离工业以传统方式生活的因纽特印第安人，会在身体组织中积聚极为可观的这类物质，而且还可以直接遗传给他们的后代。

问题：

（1）在远离工业化城市的南极，人们在终生未离开过南极的企鹅体内也发现了DDT的踪迹，请解释原因。

（2）简析因纽特印第安人的婴儿遭受DDT危害的原因及过程。

参考答案：

（1）已进入地球的物质循环，通过食物链进入企鹅体内。

（2）通过食物链，DDT在因纽特印第安人体内聚集，胎儿在母体子宫内就受到污染，出生后通过乳汁受到DDT的危害。

发现动物下丘脑对内脏的调节功能

——1949年诺贝尔生理学或医学奖

一、获奖人

瓦尔特·鲁道夫·赫斯（Walter Rudolf Hess，1881年3月17日—1973年4月12日），生于弗劳恩费尔德，瑞士生理学家。

二、颁奖词或获奖原因

发现动物下丘脑对内脏的调节功能。

三、课本知识适切点

选择性必修模块1　稳态与调节。

概念1　生命个体的结构与功能相适应，各结构协调统一共同完成复杂的生命活动，并通过一定的调节机制保持稳态。

1.2.1　以血糖、体温、pH和渗透压等为例，阐明机体通过调节作用保持内环境的相对稳定，以保证机体的正常生命活动。

四、科普性解读

下丘脑是大脑皮层下调节内脏活动的高级中枢，它把内脏活动与其他生理活动联系起来，调节着体温、摄食、水平衡和内分泌腺活动等重要的生理功能。下丘脑能通过下述三种途径对机体进行调节：①由下丘脑核发出的下行传导束到达脑干和脊髓的植物性神经中枢，再通过植物性神经调节内脏活动；②下丘脑的视上核和室旁核发出的纤维构成下丘脑——垂体束到达神经垂体，两核分泌的抗利尿激素和催产素沿着此束流到神经垂体内储存，在神经调节下释放入血液循环；③下丘脑分泌多种多肽类神经激素，对垂体的分泌起特异性刺激作用或抑制作用，称为释放激素或抑制释放激素。下丘脑通过上述途径，调节人体的体温、摄食、水平衡、血压、内分泌和情绪反应等重要生理过程。

五、科学思维（主题、情境与问题）

主题： 探究调节体温的中枢。

情境： 小白鼠是恒温动物，当环境温度明显降低时，其体温仍能保持相对恒定。为了探究调节体温的中枢是否位于下丘脑，某校生物兴趣小组制定了以下实验步骤：①取两只健康的小白鼠，并标记为甲、乙；②用一定的方法仅破坏甲鼠的下丘脑，乙鼠不做处理作为对照；③把甲、乙两鼠置于可人工控制温度的温室中，将室内温度调为0℃，在相对安静的条件下观察24小时，每隔4小时分别测量一次体温，并做好记录。

预期结果与结论：

（1）若甲鼠体温发生明显改变，乙鼠体温保持相对恒定，则假设成立。

（2）若甲、乙两鼠体温均保持相对恒定，则假设不成立。

问题：

（1）该兴趣小组设计的实验方案有哪些不妥之处？

（2）有同学认为实验组与对照组可在同一只小白鼠身上进行，你是否赞同这个观点？并说明理由。

参考答案：

（1）①应选性别与生理状况相同的成年小白鼠；②实验前要先测定甲、乙鼠的体温；③实验要有重复性。仅用两只小白鼠进行实验有一定的偶然性。

（2）赞同。先做不破坏下丘脑的实验，再做破坏下丘脑后的实验，进行自身前后对照。

（3）若假设成立，下丘脑是体温调节中枢，下面给出了四张坐标图，如图1所示，表示小白鼠的代谢状况与环境温度的关系（其中横轴表示环境温度，纵轴表示小白鼠的耗氧量或酶的反应速率），则符合甲鼠生理状况的是_____；符合乙鼠生理状况的是_____。

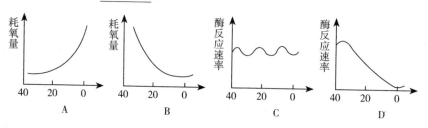

图1　坐标图

参考答案：

BD；AC。

（4）若假设成立，下丘脑是体温调节中枢，当环境温度明显降低时，一方面可通过下丘脑的调节作用，引起小白鼠皮肤血管收缩，皮肤的血流量减少，从而使皮肤的散热量减少；另一方面还可以促进有关腺体的分泌活动，使_____的分泌增加，导致体内代谢活动增强，产热量增加，从而维持体温恒定。

参考答案：

甲状腺激素和肾上腺素。

发现肾上腺皮质激素及其结构和生物效应

——1950年诺贝尔生理学或医学奖

一、获奖人

菲利普·肖瓦特·亨奇（Philip Showalter Hench，1896年2月28日—1965年3月30日），美国医生，1920年获得匹兹堡大学医学博士学位。

爱德华·卡尔文·肯德尔（Edward Calvin Kendall，1886年3月8日—1972年3月4日），美国化学家。

塔德乌什·赖希施泰因（Tadeusz Reichstein，1897年7月20日—1996年4月1日），波兰出生的瑞士化学家。

二、颁奖词或获奖原因

发现肾上腺皮质激素及其结构和生物效应。

三、课本知识适切点

选择性必修模块1　稳态与调节。

概念1　生命个体的结构与功能相适应，各结构协调统一共同完成复杂的生命活动，并通过一定的调节机制保持稳态。

1.4　内分泌系统产生的多种类型的激素，通过体液传送而发挥调节作用，实现机体稳态。

1.4.1　说出人体内分泌系统主要由内分泌腺组成，包括垂体、甲状腺、胸腺、肾上腺、胰岛和性腺等多种腺体，它们分泌的各类激素参与代谢的调节。

四、科普性解读

肾上腺皮质激素（简称皮质激素），是肾上腺皮质受脑垂体前叶分泌的促肾上腺皮质激素刺激所产生的一类激素，对维持生命具有重大意义。按其生理作用特点可分为盐皮质激素和糖皮质激素，前者主要调节机体水、盐代谢和维持电解质平衡；后者主要与糖、脂肪、蛋白质代谢和生长发育等有关。盐皮质激素基本无临床使用价值，而糖皮质激素在临床上具有极为重要的价值。临床常用药物有氢化可的松、醋酸地塞米松、地塞米松磷酸钠、醋酸去氧皮质酮和曲安奈德等。

肾上腺皮质激素分为盐皮质激素和糖皮质激素。盐皮质激素主要有醛固酮和去氧皮质酮，其作用是参与水盐代谢。糖皮质激素包括可的松和氢化可的松，参与糖及蛋白质的代谢。

风湿性关节炎（rheum aticarthritis）是一种常见的急性或慢性结缔组织炎症。通常所说的风湿性关节炎是风湿热的主要表现之一，临床以关节和肌肉游走性酸楚、红肿、疼痛为特征，与A组乙型溶血性链球菌感染有关，寒冷、潮湿等因素可诱发本病。下肢大关节如膝关节、踝关节最常受累。虽然近几十年来风湿热的发病率已显著下降，但非典型风湿热及慢性风湿性关节炎并不少见。

五、科学思维（主题、情境与问题）

主题：稳态与激素调节。

情境：肾上腺分为髓质和皮质，其中髓质主要分泌肾上腺素，皮质主要分泌肾上腺皮质激素。肾上腺皮质激素是肾上腺皮质受脑垂体前叶分泌的促肾上腺皮质激素刺激所产生的一类激素，对维持生命具有重大意义。

问题：

（1）在紧张恐惧时，人体肾上腺素会在极短的时间内增加分泌，这一过程属于_____调节。肾上腺素分泌后通过血液运输，最终与_____结合，从而促进心血管系统的活动。当恐惧因素消除后，心率一般不会马上恢复安静水平，原因是_____。

（2）寒冷时人体内肾上腺皮质激素分泌增多，但其含量不会过高。已知肾上腺皮质激素分泌的调节与甲状腺激素相似，那么肾上腺皮质激素含量不会过高的原因是_____。

参考答案：

（1）神经，靶细胞上的特异性受体，体液调节的作用时间相对较长；（2）血液中肾上腺皮质激素含量增加到一定程度时，又反过来抑制下丘脑和垂体分泌相关激素。

发现并制成黄热病疫苗

——1951年诺贝尔生理学或医学奖

一、获奖人

马克斯·泰累尔（Max Theiler，1899年1月30日—1972年8月11日），南非—美国微生物学家。在20世纪20年代，泰累尔开始研究黄热病。

二、颁奖词或获奖原因

20世纪20年代，黄热病是美洲和非洲热带地区公众健康的最大威胁。这种病的症状包括发烧、患黄疸（这种病也因此得名）、头痛、眩晕、肌肉疼痛以及胃出血。2%～5%的患者因此而丧命，但是当它流行开来的时候，死亡比例就会更高。泰累尔于1937年制成了安全性强的疫苗。

三、课本知识适切点

选择性必修模块1 稳态与调节。

概念1 生命个体的结构与功能相适应，各结构协调统一共同完成复杂的生命活动，并通过一定的调节机制保持稳态。

1.5 免疫系统能够抵御病原体的侵袭，识别并清除机体内衰老、死亡或异常的细胞，实现机体稳态。

1.5.4 举例说明免疫功能异常可能引发疾病，如过敏、自身免疫病、艾滋病和先天性免疫缺陷病等。

四、科普性解读

黄热病是由黄热病毒引起的，主要通过伊蚊叮咬传播的急性传染病。临床以高热、头痛、黄疸、蛋白尿、相对缓脉和出血等为主要表现。黄热病病毒属虫媒病毒B组披膜病毒科，病毒直径22～38nm，呈球形，有包膜，含单股正链RNA。易被热、常用消毒剂、乙醚、去氧胆酸钠等灭活，但在血中能于4℃保存1个月，在50%甘油中于0℃下可存活数月，于–70℃或冷冻干燥条件下可保持活力数年。最初分离的黄热病毒Asibi株通过组织培养弱化成17D株，用以制备减毒活疫苗，预防效果良好。

五、科学思维（主题、情境与问题）

主题： 黄热病疫苗。

情境： 自安哥拉黄热病疫情暴发以来，包括我国在内的多个国家已经发现输入性病例。黄热病是由黄热病毒所致的急性传染病，通过伊蚊叮咬传播。人对黄热病毒普遍易感，感染或接种疫苗可获得持久免疫力。

问题：

（1）黄热病的病原体是_____。

（2）接种黄热病疫苗可刺激人体淋巴细胞产生相应的_____，提高抵抗力。这种免疫类型是_____免疫。

参考答案：

（1）黄热病毒；（2）抗体，特异性。

发现链霉素

——1952年诺贝尔生理学或医学奖

一、获奖人

赛尔曼·A.瓦克斯曼（Selman Abraham Waksman），1888年生于俄国时期的乌克兰，美国著名微生物学家。瓦克斯曼曾为自然产生的抗菌物质创造了新词"抗菌素"，并于1940年发现放线菌素。

二、颁奖词或获奖原因

发现了第二种应用于临床的抗生素——链霉素，对抗结核杆菌有特效，人类战胜结核病的新纪元自此开始。

三、课本知识适切点

必修模块1　分子与细胞。

概念1　细胞是生物体结构与生命活动的基本单位。

1.3.2　描述原核细胞与真核细胞的最大区别是原核细胞没有由核膜包被的细胞核。

选择性必修模块1　稳态与调节。

概念1　生命个体的结构与功能相适应，各结构协调统一共同完成复杂的生命活动，并通过一定的调节机制保持稳态。

1.5.4　举例说明免疫功能异常可能引发疾病，如过敏、自身免疫病、艾滋病和先天性免疫缺陷病等。

四、科普性解读

链霉菌是放线菌目的一科，没有成型的细胞核，故为原核生物。

链霉菌可以产生多种二次代谢物，包括各种物质的分解酶及抗生物质。这些代谢产物除了可用在人体的医药以及当成家畜饲料的添加物外，在农作物生产方面，也可作为植物保护之用。链霉菌是已知放线菌中最大的族群，可产生高达一千多种的抗生物质，许多重要的抗生素如放线菌素、链霉素、四环霉素、保米霉素、维利霉素、嘉赐霉素及康霉素等，都可由链霉菌生产。一般而言，农用抗生素具有较低毒性及残留性质，可以抑制病原微生物的生长和繁殖，或者能改变病原菌的形态而达到保护作物的效果。

五、科学思维（情境与问题）

情境：链霉菌是放线菌目的一科。链霉素由灰色链霉菌发酵产生。链霉素是一种氨基糖苷类药物，经主动转运通过细菌细胞膜，与细菌核糖体30S亚单位的特殊受体蛋白结合，干扰信使核糖核酸与30S亚单位间起始复合物的形成，抑制蛋白合成。链霉素可以使DNA发生错读，导致无功能蛋白质的合成；使多聚核糖体分裂而失去合成蛋白的功能，使大量氨基糖苷类进入菌体，细菌细胞膜断裂，细胞死亡。

问题：

（1）链霉素能与原核生物核糖体上的S蛋白结合，从而阻止基因表达中的翻译过程。现有一种细菌，其S蛋白上有一个氨基酸种类发生改变，导致S蛋白不能与链霉素结合。以下叙述正确的是（　　）。

A.链霉素是抗此种细菌的特效药

B.链霉素能诱导细菌S蛋白基因发生相应的突变

C.该细菌内S蛋白的空间结构可能发生了改变

D.该细菌S蛋白基因可能缺失一个碱基

（2）实验测定链霉菌对3种细菌的抗菌效率，用3种细菌在事先准备好的琼脂平板上画3条平行线（3条线均与图中的链霉菌带接触），将平板置于37℃条件下培养3天，结果如图1所示，从实验结果看，以下关于链霉菌的叙述不正确的是（　　）。

A.它能阻止结核菌的生长

B.它对结核菌比对霍乱菌更有效

C.它对伤寒菌比对结核菌效果差

D.它可以治疗伤寒病人

参考答案：

（1）C；（2）D。

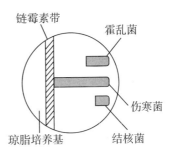

图1　链霉素对不同种类细菌抗菌实验结果图

发现高能磷酸、辅酶A以及三羧酸循环

——1953年诺贝尔生理学或医学奖

一、获奖人

弗里茨·阿尔贝特·李普曼（Fritz Albert Lipmann，1899年6月12日—1986年7月24日），生于德国，犹太裔美国籍生物化学家。

汉斯·阿道夫·克雷布斯（Hans Adolf，1900年8月25日—1981年10月22日），英籍德裔生物化学家。他与英国H.L.科恩伯格合著的《生物体内的能量转化》一书风行一时。

二、颁奖词或获奖原因

美国科学家李普曼因发现辅酶A及其中间代谢作用，英国科学家克雷布斯因发现了三羧酸循环而共同获得诺贝尔生理学或医学奖。

三、课本知识适切点

必修模块1　分子与细胞。

概念2　细胞的生存需要能量和营养物质，并通过分裂实现增殖。

2.2.2　解释ATP是驱动细胞生命活动的直接能源物质。

2.2.4　说明生物通过细胞呼吸将储存在有机分子中的能量转化为生命活动可以利用的能量。

四、科普性解读

柠檬酸循环，也称为三羧酸循环，是用于将乙酰CoA中的乙酰基氧化成二氧化碳和还原当量的酶促反应的循环系统，该循环的第一步是由乙酰CoA与草酰乙酸缩合形成柠檬酸。反应物乙酰辅酶A（Acetyl-CoA）（一分子辅酶A和一个乙酰相连）是糖类、脂类、氨基酸代谢共同的中间产物，进入循环后会被分解，最终生成产物二氧化碳并产生H，H将传递给辅酶I——尼克酰胺腺嘌呤二核苷酸

（NAD+）（或者叫烟酰胺腺嘌呤二核苷酸）和黄素腺嘌呤二核苷酸（FAD），使之成为NADH+H^+和$FADH_2$。NADH+H^+和$FADH_2$携带H进入呼吸链，呼吸链将电子传递给O_2产生水，同时偶联氧化磷酸化产生ATP，提供能量。

五、科学思维（情境与问题）

情境1：1937年他发现了柠檬酸循环（又称三羧酸循环或克雷布斯循环），揭示了生物体内糖经酵解途径变为三碳物质后，进一步氧化为二氧化碳和水的途径以及代谢能的主要来源。这一循环与糖、蛋白质、脂肪等的代谢都有密切关系，是所有需氧生物代谢中的重要环节。

问题1：在细胞呼吸过程中，水的生成在三个阶段中的（　　　）。

A. 糖酵解过程（第一阶段）

B. 柠檬酸循环过程（第二阶段）

C. 电子传递过程（第三阶段）

D. 三个阶段均有生成

参考答案：

C。

情境2：植物叶肉细胞光合作用的部分反应、光合产物合成利用代谢途径如图1所示。图1中叶绿体内膜上的磷酸转运器转出1分子三碳糖磷酸的同时转运进1分子Pi（无机磷酸）。

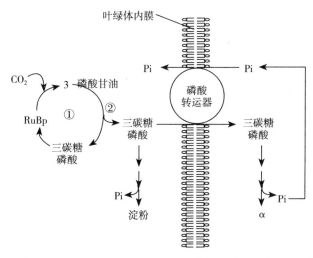

图1　植物叶肉细胞光合作用的部分反应、光合产物合成利用代谢途径

问题2:

（1）图1中所示①过程为＿＿循环，该循环从一个＿＿开始，每形成1分子三碳糖磷酸需经过三轮该循环，三碳糖磷酸大部分运至叶绿体外转变成物质a＿＿，运输到植物体的各个部分供细胞利用。

（2）磷除了是叶绿体内核酸和酶的组分外，也是光反应为②过程提供＿＿的组分。

（3）植物叶肉细胞①反应阶段的示意图，下列叙述正确的是（   ）。

A. CO_2的固定实质上是将电能转化为活跃的化学能

B. CO_2可直接被[H]还原，再经过一系列的变化形成淀粉

C. ②发生反应生成三碳糖磷酸属于还原过程

D. 光照强度由强变弱时，短时间内a含量会升高

（4）若a合成或输出受阻，下列说法正确的是（   ）（多选）。

A. 进入叶绿体的Pi数量减少，导致①反应减弱

B. 进入叶绿体的Pi数量减少，导致①反应增强

C. 三碳糖磷酸大量积累于叶绿体内外膜的间隙

D. 三碳糖磷酸对①反应的调节属于反馈调节

参考答案:

（1）卡尔文，RuBp，蔗糖；（2）ATP和NADPH；（3）C；（4）ACD。

研究脊髓灰质炎病毒的组织培养与组织技术的应用

——1954年诺贝尔生理学或医学奖

一、获奖人

约翰·富兰克林·恩德斯（John Franklin Enders），1897年2月10日生于康涅狄格州西哈特福德，美国微生物学家。

托马斯·哈克尔·韦勒（Thomas Huckle Weller，1915年6月15日—2008年8月23日），美国病毒学家。

弗雷德里克·查普曼·罗宾斯（Frederich Chapman Robbins），1916年8月25日生于亚拉巴马州奥本，美国微生物学家。

二、颁奖词或获奖原因

研究脊髓灰质炎病毒的组织培养与组织技术的应用。

三、课本知识适切点

必修模块1　分子与细胞。

概念1　细胞是生物体结构与生命活动的基本单位。

1.3　各种细胞具有相似的基本结构，但在形态与功能上有所差别。

选择性必修模块1　稳态与调节。

概念1　生命个体的结构与功能相适应，各结构协调统一共同完成复杂的生命活动，并通过一定的调节机制保持稳态。

1.5.3　阐明特异性免疫是通过体液免疫和细胞免疫两种方式，针对特定病原体发生的免疫应答。

四、科普性解读

脊髓灰质炎病毒（poliovirus）属于微小核糖核酸（RNA），病毒科（picornaviridae）的肠道病毒属（enterovirus）。脊髓灰质炎病毒侵犯人体主要是通过消化道传播。此类病毒具有某些相同的理化生物特征，在电镜下呈球形颗粒，相对较小，直径20~30nm，呈立体对称20面体。病毒颗粒中心为单股正链核糖核酸，外围60个衣壳微粒，形成外层衣壳，此种病毒核衣壳体裸露无囊膜。核衣壳含4种结构蛋白VP1、VP3和由VP0分裂而成的VP2和VP4。VP1为主要的外露蛋白，至少含2个表位（epitope），可诱导中和抗体的产生，VP1对人体细胞膜上的受体（可能位于染色体19上）有特殊亲和力，与病毒的致病性和毒性有关。VP0最终分裂为VP2与VP4，为内在蛋白与RNA密切结合，VP2与VP3半暴露具抗原性。

五、科学思维（情境与问题）

情境1：人类是脊髓灰质炎病毒的唯一天然宿主，脊髓灰质炎病毒主要经粪口传播的方式传染给其他人，但也可经口对口的传染方式染病，还可通过患者的鼻咽部飞沫传播。脊髓灰质炎病毒从口腔进入人体后迅速播散，在数小时内病毒即可开始自我复制。每个受感染的细胞释放大约500个病毒颗粒。之后，病毒会通过淋巴结而进入血液。只要出现病毒血症，脊髓灰质炎病毒就有可能侵入中枢神经系统。患者经咽部分泌物排出脊髓灰质炎病毒只持续数天，而通过粪便排出可持续到感染两个月后。

问题1：脊髓灰质炎病毒是一种单股正链RNA病毒，可引起脊髓灰质炎。如图1所示是该病毒在宿主细胞内增殖的示意图。下列有关叙述正确的是（　　　）。

A.该病毒的遗传物质中含有密码子

B.酶X是RNA聚合酶，其合成和发挥作用的场所是细胞核

C.该病毒在宿主细胞的核糖体上合成多肽链需酶X的催化

D.+RNA复制产生子代+RNA的过程，消耗的嘌呤碱基数不等于嘧啶碱基数

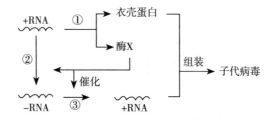

图1　脊髓灰质炎病毒在宿主细胞内增殖的示意图

参考答案：

A。

情境2： 2019年1月2日，病毒学家、中国医学科学院北京协和医学院原院长顾方舟溘然长逝，这位被网友称为"糖丸爷爷"的"中国脊髓灰质炎疫苗之父"，为实现我国全面消灭脊髓灰质炎并长期维持无脊灰状态而奉献一生，护佑了几代中国人的健康成长。1957年，顾方舟临危受命对脊髓灰质炎进行研究。研制出液体疫苗后，顾方舟想，孩子们都爱吃糖，能把疫苗做成糖丸吗？经过一年多的研究测试，顾方舟牵头研制成功糖丸减毒活疫苗。除了好吃之外，"糖丸"在常温下能存放数日，在家用冰箱中可保存两个月之久，这小小的"糖丸"被迅速送到祖国的每一个角落。

问题2： 脊髓灰质炎（俗称"小儿麻痹症"）是由脊髓灰质炎病毒引起的严重危害儿童健康的急性传染病，口服"糖丸"可以预防该病。"糖丸"其实是将脊髓灰质炎病毒的致病力减弱后做成的疫苗，即脊髓灰质炎活疫苗，请回答下列问题：

（1）从免疫学的角度看，"糖丸"中的活病毒相当于_____，侵入人体后，首先识别并对其发起攻击的免疫细胞是_____，部分B细胞会在病毒的刺激和_____的共同作用下增殖分化为_____。

（2）"糖丸"要用冷开水溶解后送服，切忌用热开水溶化，原因是_____。

（3）预防脊髓灰质炎还有一种疫苗是将脊髓灰质炎病毒杀死后制成的，称为脊髓灰质炎灭活疫苗，该疫苗通过肌肉注射进行预防接种。分析这两种疫苗的制备方式，可以推知：

①_____（填"减活"或"灭活"）疫苗接种后对人体的作用更接近自然感染过程；要产生相同的免疫效果，在接种剂量上_____（填"减活"或"灭活"）疫苗要加大。

②在刺激人体产生特异性免疫方面，_____（填"减活疫苗""灭活疫苗"或"两者都"）能刺激人体产生体液免疫，_____（填"减活疫苗""灭活疫苗"或"两者都"）能刺激人体产生细胞免疫。

参考答案：

（1）抗原，吞噬细胞，淋巴因子，记忆细胞和浆细胞；（2）高温会杀死减活后的病毒；（3）①减活，灭活，②两者都，减活疫苗。

氧化酶的研究

——1955年诺贝尔生理学或医学奖

一、获奖人

西奥雷尔（1903—1982），瑞典著名生物化学家。

二、颁奖词或获奖原因

发现机体在有氧条件下利用营养素以产生机体可利用能量的方式，阐明了酶的基本构造及作用。

三、课本知识适切点

必修模块1　分子与细胞。

概念2　细胞的生存需要能量和营养物质，并通过分裂实现增殖。

2.2.1　说明绝大多数酶是一类能催化生化反应的蛋白质，少数酶是RNA，酶活性受到环境因素（如pH和温度等）的影响。

四、科普性解读

西奥雷尔研究的对象——氧化酶的功能是帮助活性物质利用氧。他和同事精确测定了在非常稀的溶液中酶促反应速度的常数，确定了辅酶中的磷酸是连到酶蛋白的一级氨基，亚氨基是连到酪氨酸残基的酚羟基上的。这一工作使人们对黄素酶的了解更加清晰。1935年，西奥雷尔深知要想弄清生物细胞如何利用氧的问题，仅仅有黄素酶方面的研究是不够的。为此，他又把注意力放在研究细胞呼吸链中传递氢的重要物质——细胞色素C上面。尽管对这种物质的研究20世纪已经开始，但其提纯问题却一直没有得到解决。他在研究中不断改进设备，提高实验技术，逐步纯化了它。他于1936年获得的细胞色素C的纯度为80％，而在1939年获得的细胞色素C纯度接近100％，使一个具有生物活性的大分子达到如此高的纯度真不容易！看到他的这个实验的科学家们都异口同声地赞扬西奥雷尔长的"简直是一双神奇的妙手"。

五、科学思维（情境与问题）

情境与问题1：线粒体是一种相对独立的细胞器，其独立性体现在：线粒体内的某些蛋白质是由线粒体内基因和细胞核内基因共同表达形成的。已知啤酒酵母的细胞色素C氧化酶存在于线粒体的内膜上，由3个大亚基和4个小亚基构成。现在有人认为：该酶的3个大亚基是由线粒体自身表达形成的，另外4个小亚基是由核基因表达形成后运入线粒体与3个大亚基一起装配形成细胞色素C氧化酶的。已知：亚胺环己酮能抑制细胞质基质中蛋白质的合成，红霉素则能抑制线粒体中蛋白质的合成。不支持该论点的实验是（　　　）。

A. 往酵母菌培养基中加入亚胺环己酮，结果发现线粒体内只有该酶的3个大亚基

B. 获得离体线粒体，培养一段时间发现内膜上只有该酶的3个大亚基

C. 往酵母菌培养基中加入红霉素，结果发现线粒体内只有该酶的4个小亚基

D. 往酵母菌培养基中同时加入亚胺环己酮和红霉素，发现线粒体中没有细胞色素C氧化酶的任何亚基

参考答案：

D。

情境与问题2：细胞自噬是内质网或高尔基体脱落的囊泡包裹衰老或受损的细胞结构进行降解的过程，其过程如图1所示。

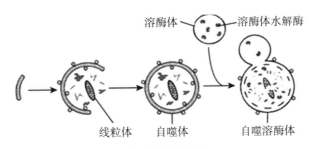

图1　降解过程图

请回答问题：

（1）细胞色素C位于线粒体内膜上，细胞色素氧化酶接受来自细胞色素C的4个电子，传递给O_2，参与有氧呼吸第_____阶段的化学反应。健那绿染液是专一性的线粒体染料，线粒体中细胞色素氧化酶可使染料保持氧化状态呈蓝绿色。加入健那绿后，当细胞内有_____且细胞色素氧化酶活性正常时，线粒体被

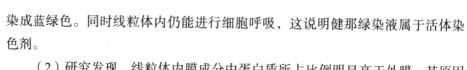

染成蓝绿色。同时线粒体内仍能进行细胞呼吸，这说明健那绿染液属于活体染色剂。

（2）研究发现，线粒体内膜成分中蛋白质所占比例明显高于外膜，其原因是_____（从下列选项中选择相应序号填写）。

①内膜折叠成嵴，使内膜的表面积大大增加。

②内膜上分布着与电子传递和ATP合成有关的酶类。

③内膜上分布着一些运输物质的载体。

（3）当线粒体出现衰老损伤时，细胞将启动自噬过程，由_____层膜围成的自噬体包裹衰老损伤的线粒体，与_____融合，形成自噬溶酶体，将线粒体分解。此过程体现了生物膜结构的_____特点。细胞自噬的意义是清除细胞内衰老损伤的细胞器，维持细胞_____。

参考答案：

（1）三，氧气；（2）②③；（3）双，溶酶体，流动性，正常生命活动。

开发了心脏导管术

——1956年诺贝尔生理学或医学奖

一、获奖人

安德烈·弗雷德里克·考南德（André Frédéric Cournand，1895年9月24日—1988年2月19日），法国医生和生理学家。

迪金森·伍德拉夫·理查兹（Dickinson Woodruff Richards，1895年10月30日—1973年2月23日），美国医生与生理学家。

沃纳·福斯曼（Werner Forssmann），1904年8月29日生于柏林，1979年6月1日卒于联邦德国朔普夫海姆，德国外科医生。

二、颁奖词或获奖原因

发明心脏导管术以及对循环系统的病理学研究。

三、课本知识适切点

必修模块1　分子与细胞。

概念1　细胞是生物体结构与生命活动的基本单位。

1.1　细胞由多种多样的分子组成，包括水、无机盐、糖类、脂质、蛋白质和核酸等，其中蛋白质和核酸是两类最重要的生物大分子。

选择性必修模块3　生物技术与工程。

概念4　细胞工程通过细胞水平上的操作，获得有用的生物体或其产品。

4.2　动物细胞工程包括细胞培养、核移植、细胞融合和干细胞的应用等技术。

四、科普性解读

心脏导管术是从周围血管插入导管，送至心腔及大血管各处的技术，用以获取信息，达到检查、诊断的目的，还可进行某些治疗措施。

五、科学思维（情境与问题）

情境：理查兹因心导管技术及对循环系统病理改变的研究而与福斯曼和考南德共同分享了1956年诺贝尔生理学或医学奖。福斯曼早在1928年就勇敢地把一根尿管插入自己的右心房，但这一技术在当时并没有得到认可。直到20世纪40年代，理查兹在纽约贝尔维尤（Bellevue）医院开始和考南德一起进行肺功能和心脏导管技术方面的研究，成功地借助右心导管技术获得了混合静脉血，并应用菲克（Fick）原理测定了心输出血量，使福斯曼发明的技术可行性和价值真正获得广泛认可。此后，理查兹利用这一技术，在创伤性休克、心力衰竭生理学和血流动力学、心血管药物疗效、慢性心肺疾病等方面开展了大量研究工作。

问题：用电流刺激青蛙的迷走神经会造成其心跳减慢。为研究迷走神经对心脏肌肉收缩的控制作用，德国生理学家勒威（Loewi）设计了双蛙心灌流实验，如图1所示。他用电流刺激迷走神经，心脏A的心跳立即减慢，而当灌入心脏A中的液体通过导管流入另一个已去掉迷走神经的心脏B时，心脏B的跳动也立即减慢下来。有关该实验，下列说法不正确的是（　　　　）。

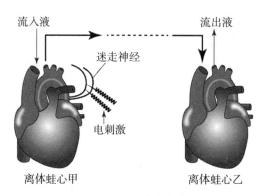

图1　双蛙心灌流实验

A.迷走神经分泌某种化学物质造成了心跳的减慢

B.迷走神经受电刺激后电信号直接造成了心跳的减慢

C.神经冲动在神经纤维上、在神经细胞之间、在神经细胞与肌细胞之间传播

D.导致信号在神经细胞之间传递的结构基础是突触

参考答案：

B。

肌肉松弛方面的研究和首次合成抗组胺药物

——1957年诺贝尔生理学或医学奖

一、获奖人

达尼埃尔·博韦（Daniel Bovet，1907年3月23日—1992年4月8日），瑞士裔意大利药理学家。

二、颁奖词或获奖原因

肌肉松弛方面的研究和首次合成抗组胺药物。

三、课本知识适切点

选择性必修模块1　稳态与调节。

概念1　生命个体的结构与功能相适应，各结构协调统一共同完成复杂的生命活动，并通过一定的调节机制保持稳态。

1.3.3　阐明神经冲动在突触处的传递通常通过化学传递方式完成。

1.5.4　举例说明免疫功能异常可能引发疾病，如过敏、自身免疫病、艾滋病和先天性免疫缺陷等。

四、科普性解读

博韦用8年时间研究南美洲箭毒的成分，一共合成了400多种箭毒的化合物，最著名的是琥珀胆碱。这是一种烟碱型乙酰胆碱受体激动剂，对胆碱酯酶的降解作用不敏感，且不易从突触间隙处消除掉，能引起运动终板（运动神经元的轴突终末与骨骼肌纤维共同形成的效应器）膜持续去极化，导致邻近神经元钠离子通道开放，进而使去极作用扩布至整块肌肉，使肌肉出现麻醉或松弛，而不伤害肌肉。这种松弛再配合麻醉药，在外科上降低麻醉深度，有利于手术操作和呼吸控制。

组织胺是广泛存在于动植物体内的一种生物胺，在体内由组氨酸脱羧基而成，是一种重要的神经递质。当机体受到理化刺激，可引起这些细胞脱颗粒，导致组胺释放，与组胺受体结合而产生生物效应，可引发多种过敏性疾病，如图1所示。如何找到一种药物治疗过敏性疾病，成为科学界的焦点。

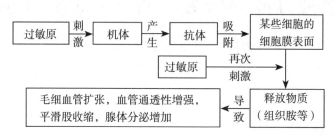

图1　过敏反应的作用机理

　　博韦在一项试图发现抗疟疾药物的项目中研究了第一种抗交感产物F.883——1，4-二氧杂环乙烷的一种衍生物。这个发现引导博韦去发现抗组胺药。该研究的出发点是观察肾上腺素、乙酰胆碱和组胺的相似性，这三种生物胺都有强劲的药理特性。由于副抗交感物质的发现（自1867年阿托品抗痉挛作用的发现），博韦做出推论，能够对抗组胺的药物肯定存在。在20世纪30年代，还没有明确证据表明组胺与变态反应有关，博韦的研究为这种假说提供了决定性的支持。

　　之后，博韦在一次实验中，发现了一种有抗过敏特性的化合物——苯并二噁烷，此后，他用该化合物在豚鼠身上进行实验，合成了第一个抗组胺药物——哌扑罗生。抗组胺是拮抗组胺对人体的生物效应。之后的氯苯那敏、异丙嗪、氯雷他定等都可以看作它的衍生物。

五、科学思维（情境与问题）

　　情境： 当兴奋传导到突触前膜，引发突触小泡释放神经递质时，神经递质与特异性受体结合，引起下一个神经元突触后膜产生动作电位。某些毒蛋白可与乙酰胆碱抢夺受体，乙酰胆碱不能与突触后膜上的受体结合，突触后神经元不能兴奋，因此中毒症状为肌肉松弛；某些物质可使乙酰胆碱酯酶失去活性，造成乙酰胆碱不能分解，持续作用于突触后膜，中毒症状是肌肉震颤。

　　问题： 剥制神经—肌肉标本如图2所示，浸润在液体A中，保持标本活性。图3为神经—肌肉接头的结构示意图。

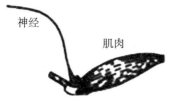

神经

肌肉

图2 剥制神经—肌肉标本

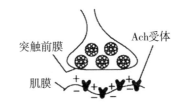

突触前膜

Ach受体

肌膜

图3 神经—肌肉接头的结构示意图

（1）液体A的成分应和_____相似，与神经细胞内液相比，液体A中钠离子、钾离子浓度的特点是_____。其渗透压应等于神经细胞细胞内液渗透压。

（2）当兴奋传导到图3的突触前膜，引发_____与突触前膜融合，释放Ach（乙酰胆碱），Ach与特异性受体结合，肌膜的膜电位变为_____（填"外正内负"或"外负内正"）。

（3）巴西蝰蛇毒蛋白可与乙酰胆碱抢夺受体，中毒症状为肌肉_____（填"松弛"或"震颤"）。毒扁豆碱可使乙酰胆碱酯酶失去活性，中毒症状为肌肉_____（填"松弛"或"震颤"）。

参考答案：

（1）组织液（或细胞外液，或内环境），钠离子浓度较高、钾离子浓度较低；（2）突触小泡，外负内正；（3）松弛，震颤。

细菌遗传学与遗传生化研究的开创者

——1958年诺贝尔生理学或医学奖

一、获奖人

乔舒亚·莱德伯格（Joshua Lederberg，1925年5月23日—2008年2月2日），美国分子生物学家。

爱德华·劳里·塔特姆（Tatum Edward Lawrie，1909年12月14日—1975年11月5日），美国生物化学家、遗传学家。

乔治·韦尔斯·比德尔（George Wells Beadle，1903年10月22日—1989年6月9日），美国遗传学家。

二、颁奖词或获奖原因

1946年，莱德伯格应用大肠杆菌首先阐明了细菌间存在可交换遗传物质的结合现象，推翻了细菌不存在遗传重组的观点，随后证明特定细菌株可通过杂交方式繁殖，此外，还发现细菌在染色体外还存在环状DNA，并将其命名为质粒。他被誉为"细菌遗传学之父"。比德尔和塔特姆以面包红霉菌为材料，研究生化突变。阐明基因是通过酶的作用来控制性状的，提出"一个基因一个酶"的假说并应用于面包红霉菌，发现了基因能调节生物体内的化学反应。这一发现开创了遗传学的生化研究。

三、课本知识适切点

选择性必修模块1　生物技术与工程。

概念5　基因工程赋予生物新的遗传特性。

5.1.2　阐明DNA重组技术的实现需要利用限制性核酸内切酶、DNA连接酶和载体三种基本工具。

必修模块2　遗传与进化。

概念3　遗传信息控制生物性状，并代代相传。

3.1.4　概述DNA分子上的遗传信息通过RNA指导蛋白质的合成，细胞分化的本质是基因选择性表达的结果，生物的性状主要通过蛋白质表现。

四、科普性解读

1951年，莱德伯格和妻子爱莎发现他与塔特姆用来杂交的大肠杆菌中含有噬菌体，并将其命名为λ噬菌体。1952年，海斯（Hayes）揭示了细菌中存在F因子并进行单向传递的现象。依据这一系列惊人的发现，莱德伯格引入了一个新的术语——质粒。莱德伯格将质粒定义为细胞内染色体外的遗传因素，如图1所示，除细菌中存在外，还包括真核生物中的线粒体和叶绿体。之后质粒主要用于对细菌的研究，并在近现代成为基因工程常用的载体之一。

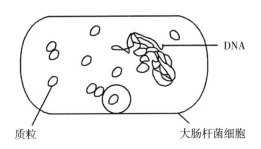

图1　大肠杆菌的结构

比德尔和塔特姆将红色面包霉（学名为链孢菌）作为研究对象。一般情况下，链孢菌在含有糖、少量维生素H（原为生物素）和无机盐的培养基中就能很好地生长。比德尔和塔特姆在实验中用X射线照射链孢菌，发现有的孢子会出现突变，而某些突变影响了孢子利用基本物质合成有机物的能力。例如，有的孢子不能像正常的孢子那样产生特殊的氨基酸。比德尔和塔特姆在培养基中添加不同的物质，并观察它是否能使突变的孢子正常生长。根据实验结果，比德尔和塔特姆认为：所有生物体内的一切生物化学过程最终都由基因控制，这些过程都可细分为一系列化学反应，各个反应均以某种方式受单个基因的控制，单个基因的突变只能改变细胞进行某一化学反应的能力。这就是著名的"一个基因一个酶"的假说。现代生物对该假说进行不断的修正，但比德尔和塔特姆发现了基因能调节生物体内的化学反应，此发现具有非常重大的意义。

五、科学思维（情境与问题）

情境1：质粒是一种裸露的、结构简单、独立于细菌拟核之外的小型环状DNA分子，能自我复制，并蕴含遗传信息。它能作为运载体是因为其具有相应的条件：能够在宿主细胞中自我复制并稳定地保存；具有一个或多个限制酶切点，以便与外源基因连接；具有某些标记基因，便于进行筛选。

问题1： 如图2所示为大肠杆菌及质粒载体的结构模式图，据图回答下列问题：

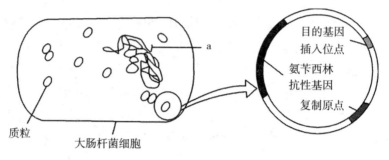

图2 大肠杆菌及质粒载体的结构模式图

（1）a代表的物质和质粒的化学本质都是＿＿＿＿，二者还具有其他共同点，如①＿＿＿＿，②＿＿＿＿（写出两条即可）。

（2）若质粒DNA分子的切割末端为–A–TGCGC，则与之连接的目的基因切割末端应为＿＿＿＿；可使用＿＿＿＿把质粒和目的基因连接在一起。

（3）氨苄西林抗性基因在质粒DNA分子上称为＿＿＿，其作用是＿＿＿。

参考答案：

（1）DNA，能够自我复制，具有遗传特性；（2）CGCGT–A–DNA，连接酶；（3）标记基因，供重组DNA的鉴定和选择。

情境2： 比德尔和塔特姆发现了基因能通过调节生物体内的化学反应来控制生物的性状而获得诺贝尔生理学或医学奖。根据现代生物学理论，基因可通过控制酶的合成来控制代谢过程，从而控制生物性状，如白化病；也可通过控制蛋白质的结构直接控制生物的性状，如镰刀型细胞贫血症（血红蛋白结构异常）、囊性纤维病（某跨膜蛋白结构异常）等。

问题2： 表示基因控制生物性状的两个途径如下所示，相关叙述错误的是（ ）。

途径1：基因→蛋白质→性状 途径2：基因→酶（代谢）→性状

A.囊性纤维病体现了基因以途径2的方式控制性状

B.途径1和2可以发生在同一个细胞中

C.途径1和2所表现的性状可能受多个基因控制

D.途径1和2中的一个基因可能控制多个性状

参考答案：

A。

发现DNA和RNA的酶促合成机制

——1959年诺贝尔生理学或医学奖

一、获奖人

阿瑟·科恩伯格（Arthur Kornberg，1918年3月3日—2007年10月26日），美国生物化学家。

塞韦罗·奥乔亚（Severo Ochoa，1905年9月24日—1993年11月1日），西班牙裔美国生物化学家。

二、颁奖词或获奖原因

发现DNA和RNA的酶促反应合成机制，为基因工程、DNA测序、DNA聚合酶链式反应（PCR）等的出现及发展开辟了道路。

三、课本知识适切点

选择性必修模块3　生物技术与工程。

概念5　基因工程赋予生物新的遗传特性。

5.1　基因工程是一种重组DNA技术。

模块2　遗传与进化。

概念3　遗传信息控制生物性状，并代代相传。

3.1.4　概述DNA分子上的遗传信息通过RNA指导蛋白质的合成，细胞分化的本质是基因选择性表达的结果，生物的性状主要通过蛋白质表现。

四、科普性解读

1953年以前，基因的物质本性一直是困扰全世界生物学家的问题，尤其是：DNA果真是一种能自我复制的分子吗？1953年4月25日《自然》杂志发表了沃森（J.Watson）和克里克（F.Crick）的DNA双螺旋结构模型之后，科恩伯格就以这一模型作为设想基础，用实验方法研究DNA的复制。1954年，他和同事分离得到

DNA和RNA生成过程中5种核苷酸合成的相关酶类；1955年，他以大肠杆菌提取液为材料，用放射性同位素标记核苷酸的方法证明存在催化核苷酸多聚化的酶，并于1956年发表了初步结果。他觉得构成DNA分子的单体虽然是4种脱氧核苷一磷酸，但是，DNA合成的原料却不是4种脱氧核苷一磷酸，而是4种脱氧核苷三磷酸。4种脱氧核苷三磷酸缺一种都不行，用4种脱氧核苷二磷酸或4种脱氧核苷一磷酸也都不行。他还设想，细胞内必有合成DNA所需的酶。于是他把大肠杆菌磨碎，用其提取液加上4种脱氧核苷三磷酸（其中至少有1种进行放射性同位素标记，以便于检查实验结果），再加一点点微量DNA作为"模板"（如小牛胸腺DNA、大肠杆菌DNA以及大肠杆菌T2噬菌体DNA）。把上述混合液在有镁离子存在的条件下于37℃静置30分钟，发现放射性标记已进入DNA部分，说明有新合成的DNA分子。新合成的DNA分子即实验产物可以用过氯沉淀法同作为原料的脱氧核苷三磷酸单体分开。科恩伯格测定了产物DNA的碱基组成，发现它们同各自的模板DNA组成惊人地相似，这就充分证明新合成的DNA的特异性是由所加入的那一点点微量的模板DNA决定的，只不过数量大大增加了而已。该实验证明DNA可以在DNA聚合酶的催化下合成新的DNA链，正是这种生理机制使得DNA分子能够进行复制，将遗传信息世代延续。1955年，奥乔亚也在实验室中利用大肠杆菌作为实验材料发现了催化生成RNA的酶，即RNA聚合酶。DNA和RNA合成机制的发现，为基因工程、DNA测序、DNA聚合酶链式反应（PCR）等的出现及发展开辟了道路。

五、科学思维（情境与问题）

情境：PCR是一项在生物体外复制特定DNA片段的核酸合成技术，模拟DNA复制的过程。前提条件是有一段已知目的基因的核苷酸序列，以便根据这一序列合成引物。基本过程如下。

（1）模板DNA的变性：将模板DNA加热至94℃左右一定时间，使模板DNA双链或经PCR扩增形成的双链DNA解离，使之成为单链，以便它与引物结合，为下轮反应做准备。

（2）模板DNA与引物的退火（复性）：模板DNA经加热变性成单链后，温度降至40~60℃，引物与模板DNA单链的互补序列配对结合。

（3）引物的延伸：DNA模板—引物结合物在DNA聚合酶的作用下，于72℃左右，以dNTP为反应原料，靶序列为模板，按碱基配对与半保留复制原理，合成一条新的与模板DNA链互补的半保留复制链。

重复循环变性—退火—延伸三过程，就可获得更多的半保留复制链，通过

PCR技术，使DNA数量呈指数式（2n）增长，该过程需要用到热稳定DNA聚合酶（Taq酶），是人工获得目的基因的常用方法。

问题：［2017·广东佛山一模］复合型免疫缺陷症（SCID）患者缺失ada基因。利用基因疗法将人正常ada基因转入患者自身T细胞，可改善患者的免疫功能。如图1所示该基因疗法的两个关键步骤。回答下列问题：

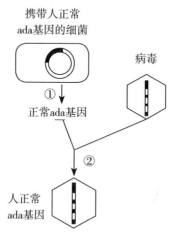

图1 基因疗法的两个关键步骤

（1）图中所示获取人正常ada基因的方法是＿＿＿＿＿＿＿＿，若要大量获取该基因，可通过PCR技术进行扩增。与细胞内DNA复制过程相比，PCR技术的不同点有＿＿＿＿＿＿＿＿（答出两点）。

（2）步骤②是＿＿＿＿＿＿＿＿。在该步骤中，病毒作为＿＿＿＿＿起作用，需使用的工具酶有＿＿＿＿＿＿＿＿。

（3）完成步骤②后，在体外将人正常ada基因导入患者自身的T细胞。此后，在将该T细胞重新输入患者体内之前，还必须完成的操作是＿＿＿＿＿＿。

参考答案：

（1）从基因文库中获取目的基因，不需要解旋酶、需要热稳定DNA聚合酶；（2）构建基因表达载体，运载体，限制酶和DNA连接酶；（3）基因的检测与鉴定。

皮肤移植的免疫学原理和动物抗体的免疫耐受性

——1960年诺贝尔生理学或医学奖

一、获奖人

彼得·梅达瓦（Peter Brian Medawar，1915年2月28日—1987年10月2日），阿拉伯裔英国动物学家。

弗兰克·麦克法兰·伯内特（Frank Macfarlane Burnet，1899年9月3日—1985年8月15日），澳大利亚微生物学家，主要研究免疫学。

二、颁奖词或获奖原因

梅达瓦发现皮肤移植的免疫学原理及相关研究，伯内特提出了关于抗体形成原理的"克隆选择"学说以及发现动物抗体的免疫耐受性，为现代生物科技和遗传工程学奠定了基础。

三、课本知识适切点

选择性必修模块1　稳态与调节。

概念1　生命个体的结构与功能相适应，各结构协调统一共同完成复杂的生命活动，并通过一定的调节机制保持稳态。

1.5.2　概述人体的免疫包括生来就有的非特异性免疫和后天获得的特异性免疫。

1.5.3　阐明特异性免疫是通过体液免疫和细胞免疫两种方式，针对特定病原体发生的免疫应答。

四、科普性解读

1941年，梅达瓦在参与一名有60%烧伤面积的飞行员的治疗过程中，发现皮肤的异体移植总不能成功。梅达瓦决定主攻这一领域，开始在动物身上进行试验。细心的梅达瓦发现，如果用同一只动物作为皮肤供给者，那么第一次异体排斥发生在移植后10天左右，第二次排斥则发生得更快，几乎立刻就被接受者排斥了。梅达瓦联想到，这样的结果和免疫反应非常类似。比如种痘，就是先让人体接触一种弱致病性的抗原，让人体记住这种病毒的"样子"，之后再遇到同样的病毒，人体就会立刻产生反应，把"来犯之敌"迅速歼灭。梅达瓦把这个想法写成论文，发表后引起轰动。进一步试验证实了他的思路是对的，异体排斥现象的"元凶"就是免疫系统。1948年，梅达瓦去斯德哥尔摩参加学术会议，会上有人问了他一个问题：如何分清同卵双生和异卵双生的小牛？梅达瓦自信地回答：这还不简单？！只要把一头小牛的皮肤移植到另一头小牛身上就可以了，发生排斥的就是异卵双生。会议结束后，那人邀请梅达瓦亲自去农场做这个试验，他欣然前往，当着那人的面做了这个试验，结果却让他大吃一惊，所有的双生小牛都没有发生异体排斥现象，其中还有一雄一雌的，并早已肯定是异卵双生。他经过多角度思考，得出结论：因为双生小牛是在同一个子宫里长大的，它们在发育阶段互相"熟悉"了对方，因此它们的免疫系统对来自对方的细胞产生了耐受性。为了证明自己的假说，他把一种小鼠的细胞注射进另一种小鼠的子宫内，让正在发育中的小鼠"认识"一下新朋友。然后等这只小鼠出生后再把前者的皮肤移植到后者的身上。照理说，两种完全不同的小鼠之间的皮肤移植肯定会引发异体排斥现象，可这一次却没有发生，两者相安无事。梅达瓦把这一发现写成论文发表，并把这一现象命名为"获得性免疫耐受"。

伯内特早期从事噬菌体和对抗流行感冒的免疫方法的研究，病毒研究表明，抗体可以在体内通过人工合成，以产生一种专门类型的免疫力。随后他把研究重点转移到免疫学，提出了关于抗体形成原理的"克隆选择"学说：产生抗体的细胞含有一个不停变异的区域。每次变异都会产生一种新类型的抗体。能够产生某一特定类型的抗体的细胞一般不多，而在身体内找不到抵抗目标的抗体很快就会死去。但是，抗体一旦找到了抵抗对象，产生该抗体的细胞就会加大该抗体的产量以满足需求。

两人的研究成果对人们认识二次免疫、人类的器官移植排斥现象做出了巨大的贡献，为现代生物科技和遗传工程学奠定了基础。

五、科学思维（情境与问题）

情境：用正常的器官置换丧失功能的器官，以重建其生理功能的技术叫作器官移植。成败的关键取决于供者和受者的组织相容性抗原，即人类白细胞抗原（HLA）是否一致或相近。只要供者和受者的主要HLA有一半以上相同，就可进行移植，但为减轻排斥反应，病人还需长期使用免疫抑制药物。

问题：角膜移植手术是对角膜病治疗的主要手段。虽然角膜因其无血管、无淋巴管的特性，属于相对免疫赦免区，但仍不能完全避免免疫排斥这一器官移植所面对的困扰。据此判断下列说法正确的是（　　　）。

A. 移植后角膜脱落属于非特异性免疫

B. 使用免疫抑制剂可提高人体免疫系统的敏感性

C. 对于接受者来说，移植的角膜中含有抗原类物质

D. 角膜属于相对免疫赦免区，说明人体的免疫系统存在一定的缺陷

参考答案：

C。

发现耳蜗传送声音的物理机制，确立 "行波学说"

——1961年诺贝尔生理学或医学奖

一、获奖人

盖欧尔格·冯·贝凯希（Georg von Békésy，1899年6月3日—1972年6月13日），美籍匈牙利物理学家、生理学家。

二、颁奖词或获奖原因

发现声音是以一连串的波形沿基底膜传播，并在膜的不同部位达到最大振幅。低频声波的最大振幅部位接近耳蜗的末梢，高频声波的振幅部位接近入口或底部。并证明声调的响度取决于神经感受器的位置及涉及的感受器数量，从而确立了"行波学说"，为之后的生理学家提供了牢靠的理论基础。

三、课本知识适切点

选择性必修模块1　稳态与调节。

概念1　生命个体的结构与功能相适应，各结构协调统一共同完成复杂的生命活动，并通过一定的调节机制保持稳态。

1.3.1　概述神经调节的基本方式是反射（可分为条件反射和非条件反射），其结构基础是反射弧。

1.3.2　阐明神经细胞膜内外在静息状态具有电位差，受到外界刺激后形成动作电位，并沿神经纤维传导。

四、科普性解读

耳蜗（cochlea）是内耳的一个解剖结构，它和前庭迷路一起组成内耳骨迷路，是传导并感受声波的结构。耳蜗负责将来自中耳的声音信号转换为相应的神经电信号，交送大脑的中枢听觉系统接受进一步处理，最终实现听觉知觉。听觉的形成过程是：外界的声波经过外耳道传到鼓膜，引起鼓膜的振动；振动通过听小骨传到内耳，刺激耳蜗内的听觉感受器产生神经冲动；神经冲动通过与听觉有关的神经传递到大脑皮层的听觉中枢，就形成了听觉。

五、科学思维（情境与问题）

情境1：神经调节的基本方式是反射，反射的结构基础是反射弧，完成反射的条件：①必须有完整的反射弧参与；②需要适宜的刺激。反射弧中的感受器和效应器可分布于同一器官和组织中。

问题1：人体生命活动的正常进行主要是在神经系统的调节作用下完成的。下列说法错误的是（　　　）。

A. 效应器由运动神经末梢和它所支配的肌肉、腺体组成

B. 兴奋以电信号的形式沿着神经纤维传导

C. 神经元之间的兴奋传递是单方向的

D. 条件反射的建立与脊髓等低级中枢无关

参考答案：

D。

情境2：兴奋在神经纤维上以电信号的形式传导，静止时主要是K^+外流，形成外正内负的静息电位；兴奋产生是Na^+内流的结果，形成外负内正的动作电位，之后Na^+重新外流，K^+内流，动作电位恢复为静息电位。如果利用药物阻断Na^+通道，膜外的Na^+不能内流，就不能形成动作电位；如果用药物阻断K^+通道，膜内的K^+不能外流，兴奋过后的动作电位不能恢复为静息电位。

问题2：利用不同的处理使神经纤维上膜电位产生不同的变化，处理方式及作用机理如下：①利用药物Ⅰ阻断Na^+通道；②利用药物Ⅱ阻断K^+通道；③利用药物Ⅲ打开Cl^-通道，导致Cl^-内流；④将神经纤维置于低Na^+溶液中。上述处理方式与下列可能出现的结果对应正确的是（　　　）。

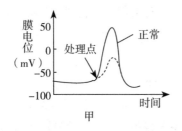

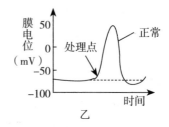

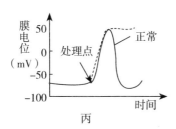

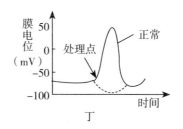

A. 甲—①，乙—②，丙—③，丁—④

B. 甲—④，乙—①，丙—②，丁—③

C. 甲—③，乙—①，丙—④，丁—②

D. 甲—④，乙—②，丙—③，丁—①

参考答案：

B。

发现DNA的分子结构及其对生物中信息传递的重要性

——1962年诺贝尔生理学或医学奖

一、获奖人

詹姆斯·杜威·沃森（James Dewey Watson），生于1928年4月6日，美国分子生物学家。2019年因发表种族歧视基因论而被美国冷泉港实验室剥夺了荣誉头衔。

弗朗西斯·克里克（Francis Crick，1916年6月8日—2004年7月28日），英国生物学家、物理学家及神经科学家，DNA的发现者。英国皇家学会院士，法兰西科学院院士。

莫里斯·威尔金斯（Maurice Hugh Frederick Wilkins，1916年12月15日—2004年10月5日），英国分子生物学家。

二、颁奖词或获奖原因

提出了DNA的双螺旋结构学说。

三、课本知识适切点

必修模块2　遗传与进化。

概念3　遗传信息控制生物性状，并代代相传。

3.1　亲代传递给子代的遗传信息主要编码在DNA分子上。

3.1.2　概述DNA分子是由四种脱氧核苷酸构成的长链，一般由两条反向平行的长链上的碱基互补配对形成双螺旋结构，碱基的排列顺序编码了遗传信息。

四、科普性解读

沃森在1951年到剑桥大学之前，曾经做过用同位素标记追踪噬菌体DNA的实验，坚信DNA就是遗传物质。他到剑桥大学后发现克里克也是"知道DNA比蛋白质更为重要的人"。他们根据的数据仅有三条：第一条是当时已广为人知的，即DNA由6种小分子组成，包括脱氧核糖、磷酸和4种碱基（A、G、T、C），这些小分子组成了4种核苷酸，这4种核苷酸组成了DNA。第二条证据是最新的，英国科学家富兰克林得到的衍射照片表明，DNA是由两条长链组成的双螺旋，宽度为20埃。第三条证据是最为关键的，美国生物化学家埃尔文·查戈夫（Erwin Chargaff）测定DNA的分子组成，发现DNA中的4种碱基的含量并不是传统认为的等量的，虽然在不同物种中4种碱基的含量不同，但是A和T的含量总是相等的，G和C的含量也相等。沃森和克里克在1953年4月25日《自然》杂志上以1000多字和一幅插图的短文公布了他们的发现。在随后发表的论文中，沃森和克里克详细地说明了DNA双螺旋模型对遗传学研究的重大意义：一是它能够说明遗传物质的自我复制。这个"半保留复制"的设想后来被马修·麦赛尔逊（Matthew Meselson）和富兰克林·斯塔勒（Franklin W.Stahl）用同位素追踪实验证实。二是它能够说明遗传物质是如何携带遗传信息的。三是它能够说明基因是如何突变的。基因突变是由于碱基序列发生了变化，这样的变化可以通过复制而得到保留。威尔金斯是从X射线方面来推进DNA分子结构研究的，他显示了细胞内的DNA是B-螺旋结构，并且通过实验证明了沃森—克里克模型是B-螺旋结构。

　　DNA双螺旋模型（包括中心法则）的发现，是20世纪最为重大的科学发现之一，也是生物学历史上唯一可与达尔文进化论相比的最重大发现，它与自然选择一起，统一了生物学的大概念，标志着分子遗传学的诞生。

五、科学思维（情境与问题）

　　情境：DNA的复制是指以亲代DNA为模板合成子代DNA的过程，在细胞有丝分裂间期和减数第一次分裂前的间期，随着染色体的复制而完成。过程需要解旋酶和DNA聚合酶，特点是边解旋边复制和半保留复制。通过复制，把遗传信息从亲代传递给子代，从而使生物前后代保持遗传信息的连续性和稳定性。

　　问题：下列关于DNA复制的说法，错误的是　（　　　）。

　　A. 通过DNA复制，遗传信息在亲子代细胞间始终保持不变

　　B. 将亲代DNA分子的两条链分别作为模板进行复制

　　C. 复制过程中，始终按照碱基互补配对原则进行

　　D. 形成子链时，相邻脱氧核苷酸的脱氧核糖和磷酸间可形成磷酸二酯键

　　参考答案：

　　C。

发现与神经的兴奋和抑制有关的离子机理

——1963年诺贝尔生理学或医学奖

一、获奖人

约翰·卡鲁·埃克尔斯（John Carew Eccles，1903年1月27日—1997年5月2日），澳大利亚神经生理学家。

艾伦·劳埃德·霍奇金（Alan Lloyd Hodgkin，1914年2月5日—1998年12月20日），英国生理学家与细胞生物学家。

安德鲁·赫胥黎（Andrew Huxley，1917年11月22日—2012年5月30日），英国生理学家与生物物理学家。

二、颁奖词或获奖原因

发现在神经细胞膜的外围和中心部位与神经的兴奋和抑制有关的离子机理。

三、课本知识适切点

选择性必修模块1　稳态与调节。

概念1　生命个体的结构与功能相适应，各结构协调统一共同完成复杂的生命活动，并通过一定的调节机制保持稳态。

1.3.2　阐明神经细胞膜内外在静息状态具有电位差，受到外界刺激后形成动作电位，并沿神经纤维传导。

四、科普性解读

人和动物的生理活动除受体液调节、自身调节之外，还有一种主要调节形式——神经调节。通过神经—体液—免疫网络的调节，人和动物体内各个器官、系统才能协调统一，成为一个整体。负责携带、传递信息和指令的就是神经细胞，当人体或动物体的神经细胞受到刺激后，兴奋会以电信号的形式在神经纤维上进行传导，这一过程就叫神经冲动，又称为神经的动作电位。

霍奇金与赫胥黎以经过改进的实验手段，完整地探明神经细胞轴突质膜表面发生的电兴奋。他们从枪乌贼体内剥取大型的单根神经轴突（或称神经纤维），以特制的电极插入轴突处的细胞膜内而不损坏轴突，通过膜内外记录的电位差，发现神经细胞轴突在兴奋时发生膜电位的急剧倒转。他们的实验和美国人K.科尔（Kacy Cole）、H.J.柯蒂斯（H.J.Curtis）的实验结果一致，共同证明了神经冲动的本质是神经纤维表面细胞膜的膜电位快速倒转，即动作电位。

霍奇金与赫胥黎进一步探明，动作电位缘于钠离子流入膜内造成膜电位倒转，钾离子继之流出膜外造成膜电位向静息状态恢复，从而形成了神经冲动的离子理论。霍奇金还与其他人一起通过实验演示：把枪乌贼轴突内的原生质挤出，只剩下细胞膜，再向膜内灌注适当的电解质溶液，则神经冲动可以恢复，从而证实神经冲动仅与神经纤维的膜有关。

五、科学思维（情境与问题）

情境：霍奇金与赫胥黎探明：静息状态时，膜外为正电位，动作电位时钠离子流入膜内造成膜电位倒转，膜外变为负电位，随后钾离子流出膜外造成膜电位向静息状态恢复，从而形成了神经冲动的离子理论。如果阻断了钠离子的内流，刺激神经纤维不能形成膜电位的变化。

问题：将完好的某动物神经元浸泡在任氏液（模拟细胞外液）中进行实验，A、B为神经元膜外侧的两处位置，如图1所示。以下说法正确的是（　　　）。

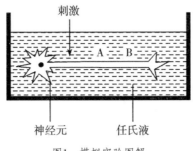

图1　模拟实验图解

A. 静息状态时，可测得A、B两处的电位不相等

B. 静息状态时，与任氏液相比，细胞内Na^+浓度高

C. B处兴奋时，膜两侧的电位表现为外正内负

D. 若阻断Na^+内流，刺激后，A、B处不能产生兴奋

参考答案：

D。

发现胆固醇和脂肪酸的合成机理

——1964年诺贝尔生理学或医学奖

一、获奖人

康拉德·布洛赫（Konrad Emil Bloch，1912年1月21日—2000年10月15日），德裔美国生物化学家。

费奥多尔·吕南（Feodor Felix Konrad Lynen，1911年4月6日—1979年8月6日），德国生物化学家。

二、颁奖词或获奖原因

发现胆固醇和脂肪酸的合成机理。

三、课本知识适切点

必修模块1　分子与细胞。
概念1　细胞是生物体结构与生命活动的基本单位。
1.1.5　举例说出不同种类的脂质对维持细胞结构和功能有重要作用。

四、科普性解读

胆固醇，又称胆甾醇，一种环戊烷多氢菲的衍生物。早在18世纪人们已从胆石中发现了胆固醇，1816年化学家本歇尔将这种具有脂类性质的物质命名为胆固醇。胆固醇广泛存在于动物体内，尤以脑及神经组织中最为丰富，在肾、脾、皮肤、肝和胆汁中含量也高。其溶解性与脂肪类似，不溶于水，易溶于乙醚、氯仿等溶剂。胆固醇是动物组织细胞不可或缺的重要物质，它不仅参与形成细胞膜，而且是合成胆汁酸、维生素D以及甾体激素的原料。胆固醇经代谢还能转化为胆汁酸、类固醇激素、7-脱氢胆固醇，并且7-脱氢胆固醇经紫外线照射会转变为维生素D_3，所以胆固醇并非是对人体有害的物质。它不仅参与了细胞膜的形成，而且是合成胆汁酸、维生素D的原料。胆固醇在体内分为高密度胆固醇和低密度胆固醇两种。高密度胆固醇对血管有保护作用，通常被称为"好胆固醇"。低密度胆固醇如果偏高，患冠心病的危险因素会增加，通常把它称为"坏胆固醇"。虽然多项医学研究显示，被称为"坏胆固醇"的低密度胆固醇在血液中的水平过高会对身体造成伤害，但美国和加拿大研究人员公布的一项研究显示，坏胆固醇并非总是很坏的，它对人体也有一定用处。研究证明，血液中的坏胆固醇越多，人们在训练中就越能增长肌肉。换句话说，人体需要一定的坏胆固醇以获取更多肌肉。所以，人的身体不仅需要好胆固醇，而且也需要适量的坏胆固醇，如果硬要将坏胆固醇从身体中清除出去，则可能对身体造成伤害。

五、科学思维（情境与问题）

情境1：胆固醇是细胞膜的重要成分，参与血液中脂质运输；脂肪是细胞内良好的储存能量的物质，能保温、减压、缓冲，水解的终产物是甘油和脂肪酸。

问题1：据报道，一位因煤矿瓦斯爆炸事故在矿井中被困10多天的工人获救，他在被困期间除了少量饮水以外，没有补充任何食物，试分析人体内能源物质的供能顺序是（　　　）。

A. 糖类—脂肪—蛋白质　　　　B. 脂肪—糖类—蛋白质

C. 脂肪—蛋白质—糖类　　　　D. 糖类—蛋白质—脂肪

参考答案：

A。

情境2：生物组织中的脂肪可用苏丹Ⅲ染液进行染色检测，染色后呈橘黄色。实验室检测的基本方法有两个。

方法一：向待测组织样液中滴加3滴苏丹Ⅲ染液，观察样液被染色的情况。

方法二：

① 取材：花生种子浸泡3~4小时，去掉种皮。

② 切片：将子叶切成薄片。

③ 制片 ｛ 取最理想的薄片，放在载玻片中央
在薄片上滴2~3滴苏丹Ⅲ染液，染色3分钟（如果用苏丹Ⅳ染液，染色1分钟）
用酒精洗去浮色
制成临时装片

④ 观察：先在低倍镜下寻找已着色的圆形小颗粒，然后用高倍镜观察，可以看到被染成橘黄色的脂肪颗粒。

⑤ 结论：生物组织中含有脂肪。

问题2：用苏丹Ⅲ染色可明显看到橘黄色小颗粒的是（　　　）。

A. 玉米　　　　B. 芝麻　　　　C. 高粱　　　　D. 香蕉

参考答案：

B。

发现基因调控机制和操纵子理论

——1965年诺贝尔生理学或医学奖

一、获奖人

安德列·米歇·利沃夫（André Michel Lwoff，1902年5月8日—1994年9月30日），法国微生物学家。

贾克·莫诺（Jacques Lucien Monod，1910年2月9日—1976年5月31日），法国生物学家，也是一位科学哲学作家与音乐家。

方斯华·贾克柏（François Jacob，1920年6月17日—2013年4月19日），犹太裔法国生物学家。

二、颁奖词或获奖原因

利沃夫提出病毒在感染细菌时的基因调控机制；莫诺和贾克柏在分子水平上探讨了基因的调控机制，创立了操纵子理论。他们为推动生命科学发展做出了巨大的贡献。

三、课本知识适切点

必修模块2　遗传与进化。

概念3　遗传信息控制生物性状，并代代相传。

3.1.4　概述DNA分子上的遗传信息通过RNA指导蛋白质的合成，细胞分化的本质是基因选择性表达的结果，生物的性状主要通过蛋白质表现。

四、科普性解读

操纵子理论认为：在大肠杆菌中，控制乳糖代谢的三个结构基因（β半乳糖苷酶基因z、β半乳糖苷通透酶基因y和β半乳糖苷转乙酰酶基因a）是在细胞染色体的相邻位置上，受同一"开关"的控制，因为这三种酶的产量总是相关的，而且这些基因的排列是顺型的。决定"开关"的基因被称为"操纵基因"。操纵基因（o）位于三个结构基因（z、y、a）与z相邻的一端。操纵基因与结构基因组成一个操纵子。过去作为诱导基因的i，实际上是一个调节基因，决定着一种阻遏物的生成，并区别于直接决定蛋白质（酶）结构的结构基因。i基因位于o基因的另一端，o基因则在i和z两基因之间。"开关"调控的机制是：当细菌细胞内诱导物（如乳糖）不存在时，i基因产生的阻遏物阻止了操纵基因（o）的开动，mRNA不能转录结构基因上的密码，蛋白质（酶）的合成不能进行，即这时三个结构基因（z、y、a）都处于"关闭"状态。但是在加入诱导物（乳糖）后，i基因产生的阻遏物与诱导物结合而失活，操纵基因随之开动，mRNA的转录开始，蛋白质合成进行，分解乳糖的三种酶得以产生。当细胞中的乳糖被分解完后，阻遏物又恢复其活性状态，重新阻止操纵基因的开动。该理论报告第一次预言了mRNA的存在和作用，并很快用实验证实，它丰富了"一个基因一个酶"的理论。

乳糖操纵子模型是分子遗传学中继DNA分子结构以来的另一项重大成就，在发表当时，生物学界反应之强烈，较1953年沃森和克里克的DNA双螺旋模型实验有过之。它开创了基因调控机制的研究，预言了mRNA的存在，推动了mRNA的证实，从而使遗传密码的实验研究得以开始，因而使分子遗传学的整个体系得以建立，意义十分深远。

五、科学思维（情境与问题）

情境：原核生物的细胞中没有核膜包被的细胞核，没有线粒体等一系列的细胞器，所以转录没有完成的时候翻译过程就可以启动，两个过程同时进行，而能量只能由细胞质基质提供，细胞遗传信息表达过程所需的原料都是由细胞质提供的。

问题：图1、图2是两种细胞中遗传信息的表述过程，据图分析，下列叙述不正确的是（　　　）。

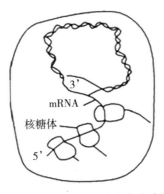

图1　甲细胞中遗传信息的表述过程

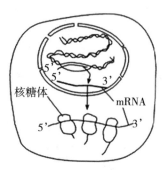

图2　乙细胞中遗传信息的表述过程

A. 甲细胞没有核膜包被的细胞核，所以转录和翻译同时发生

B. 图中所示的遗传信息都是从DNA传递给mRNA，再传递给蛋白质的

C. 两种表述过程均主要由线粒体提供能量，由细胞质提供原料

D. 乙细胞中每个核糖体合成的多肽链都相同，翻译的方向是由5'端到3'端

参考答案：

C。

发现诱导肿瘤的病毒和前列腺癌的激素疗法

——1966年诺贝尔生理学或医学奖

一、获奖人

裴顿·劳斯（Peyton Rous，1870年10月5日—1970年2月16日），美国生物学家。

查尔斯·布兰顿·哈金斯（Charles Brenton Huggins，1901年9月22日—1997年1月12日），美国医学家。

二、颁奖词或获奖原因

发现诱导肿瘤的病毒和前列腺癌的激素疗法。

三、课本知识适切点

必修模块1　分子与细胞。

概念2　细胞的生存需要能量和营养物质，并通过分裂实现增殖。

2.3　细胞会经历生长、增殖、分化、衰老和死亡等生命进程。

2.3.2　说明在个体发育过程中，细胞在形态、结构和功能方面发生特异性的分化，形成了复杂的多细胞生物体。

2.3.3　描述在正常情况下，细胞衰老和死亡是一种自然的生理过程。

四、科普性解读

癌症是威胁人类健康的主要杀手之一，全球每年约有800万人死于癌症，比艾滋病、疟疾和结核病加起来还要多。人类也一直未放弃同癌症的斗争。

1909年，某农场的一只鸡肚子上长了个肿瘤，农场主希望热衷于研究肿瘤的劳斯博士能给这只鸡做个手术，让它活下来。劳斯博士答应了农场主的请求，切除了肿瘤，不过这只鸡还是很快死于肿瘤复发。作为研究，劳斯博士没有把这个肿瘤扔掉，而是将它切成小块移植给其他的鸡。不久后，健康的鸡也长出了肿瘤，并且一代一代地反复传代，肿瘤也生长得越来越快，且出现了转移。

当时，研究者们已经发现禽类身上也生长肿瘤，但这是第一种被发现的能够传播的肿瘤。次年，相关的研究报告发表在《实验医学杂志》上。

随后，劳斯博士继续进行研究，他把肿瘤组织磨成匀浆，尽可能除去匀浆中的细胞和细菌，再把剩下的滤液注射给其他的鸡。同样，这些鸡也在几周之后长出了肿瘤。劳斯博士激动地得出结论，肿瘤可以通过比细胞更小的微观介质也就是病毒传播，并提出了"病毒致癌说"，后来这种病毒也被命名为"劳斯肉瘤病毒"（RSV）。在随后的研究中，科学家们不断发现这些病毒与癌症相关的例证，如EB病毒与鼻咽癌，单纯疱疹病毒与宫颈癌，肝炎病毒与肝癌。

哈金斯从20世纪30年代开始他的癌症研究。他在狗身上的实验证实了癌细胞并没有自身延续性，但一些特定的癌症是依靠特定激素来存活和增长的。哈金斯总结出一种治疗前列腺癌和乳癌的新方法：通过切除睾丸减少睾酮分泌或者使用雌激素，可以缓解前列腺肿瘤，即去除癌细胞赖以生存的雄性或雌性激素，或注入相反激素进行控制的细胞扩散疗法，这种疗法成为以后治疗前列腺癌的主要方式。

五、科学思维（情境与问题）

情境：常见的致癌因子有物理致癌因子，如电离辐射、X射线、紫外线等；化学致癌因子，如砷、苯、煤焦油等；病毒致癌因子，如劳斯肉瘤病毒。癌变的细胞具有与正常细胞不同的特点：能在适宜条件下，无限增殖；形态结构发生了改变；细胞膜异常，膜上的糖蛋白减少，细胞容易分离扩散和转移。

问题：如图1所示为结肠癌发病过程中细胞形态与基因的变化。下列有关叙述正确的是（　　　）。

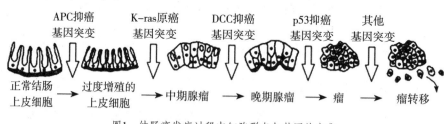

图1　结肠癌发病过程中细胞形态与基因的变化

A. 抑癌基因调节细胞周期，控制细胞生长和分裂

B. 与细胞增殖有关的某一基因发生突变，就会导致细胞癌变

C. 癌细胞易于转移，与其细胞膜上糖蛋白增多有关

D. 通过镜检观察细胞形态可作为判断细胞癌变的依据之一

参考答案：

D。

发现眼睛的初级生理及化学视觉过程

——1967年诺贝尔生理学或医学奖

一、获奖人

拉格纳·亚瑟·格拉尼特，1900年10月30日出生于芬兰。1928年任牛津大学教授，并开始专注视觉的研究。

霍尔登·凯弗·哈特兰，出生于1903年12月22日，美国生理学家。

乔治·沃尔德（1906年11月18日—1997年4月12日），美国科学家。

二、颁奖词或获奖原因

基于前人的发现——"神经主要以生物电传递的方式进行信息传输"，拉格纳·格拉尼特、霍尔登·哈特兰、乔治·沃尔德三位科学家进一步解决了"我们所看到的外部事物的信息如何通过光到电的转化传入我们脑中"这一问题。他们证明了视网膜就是我们脑海中把光信号转化成电信号的信息中转站，并且搞清楚了视网膜的工作原理，拓宽了关于视觉的认知视野。

三、课本知识适切点

选择性必修模块1　稳态与调节。

概念1　生命个体的结构与功能相适应，各结构协调统一共同完成复杂的生命活动，并通过一定的调节机制保持稳态。

1.3.1　概述神经调节的基本方式是反射（可分为条件反射和非条件反射），其结构基础是反射弧。

1.3.2　阐明神经细胞膜内外在静息状态具有电位差，受到外界刺激后形成动作电位，并沿神经纤维传导。

1.3.3　阐明神经冲动在突触处的传递通常通过化学传递方式完成。

四、科普性解读

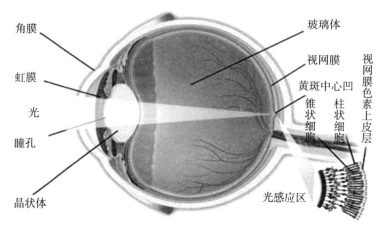

图1　眼睛的结构模式图

视觉形成的原理如图1、图2所示：外界物体反射来的光线，经过角膜、房水，由瞳孔进入眼球内部，再经过晶状体和玻璃体的折射作用传到视网膜形成物像，刺激了视网膜上的感光细胞，感光细胞中的感光蛋白通过和维生素A的结合与释放，在细胞内把光信号转化为神经元上的电信号，即产生了神经冲动，神经冲动再沿着视神经传入大脑皮层的视觉中枢，就形成了视觉。

图2　视觉是如何形成的过程图解

视网膜上有两种感光细胞，一种叫作视杆细胞，另一种叫作视锥细胞。视杆细胞负责昏暗光线下的视物，区别黑白，不能感受颜色，主要分布在视网膜周围。视锥细胞主要负责处理色彩和细节，主要分布在黄斑中心。

五、科学思维（情境与问题）

情境： 国内外许多研究结果表明，光照对动物的生长发育尤其是生殖生理等有着明显的影响。光照之所以对动物的生殖和生长有影响，是因为松果体在其中起到了关键性的作用。图3表示了光暗信号通过视网膜→松果体途径对雄性动物生殖的调控。

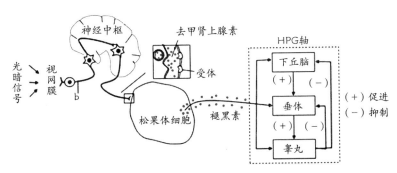

图3 光暗信号通过视网膜→松果体途径对雄性动物生殖的调控

问题：

（1）光暗信号调节的反射弧中，神经元的某部位由兴奋状态恢复为静息状态时，膜内的电位变化为_____；该反射弧的效应器是_____。图中去甲肾上腺素释放的过程中伴随着_____信号到_____信号的转变。

（2）褪黑素通过影响HPG轴发挥调节作用，该过程属于_____调节，在HPG轴中，促性腺激素释放激素（GnRH）运输到_____，促使其分泌黄体生成素（LH，一种促激素）。LH随血液运输到睾丸，促使其增加雄激素的合成和分泌。

（3）若给正常雄性哺乳动物个体静脉注射一定剂量的LH，随后其血液中GnRH水平会_____，原因是_____。

参考答案：

（1）由正电位变为负电位，松果体，电，化学；（2）体液（或激素），垂体；（3）降低，LH促进雄性激素分泌，雄性激素抑制下丘脑分泌GnRH。

破译遗传密码并阐述其在蛋白质合成中的作用

——1968年诺贝尔生理学或医学奖

一、获奖人

罗伯特·W.霍利，1922年1月28日生于伊利诺伊州厄巴纳，美国生物化学家。

哈尔·葛宾·科拉纳，出生于印度，曾在拉合尔的旁遮普大学学习，后入英国利物浦大学学习。1951年开始研究核酸。

尼伦伯格，生于1927年4月10日。在1961年与他的学生一同建立和完善了大肠杆菌的无细胞翻译系统，成功破译出前几个密码子。1964年，尼伦伯格又发明了核糖体结合技术。在这一技术帮助下，他得以完全破译遗传密码。

二、颁奖词或获奖原因

遗传密码的破译帮助科学家建立了由核酸到蛋白质的对应关系，从而为中心法则的建立提供了必要的理论基础，也为后来的分子生物学研究提供了重要的工具。

三、课本知识适切点

必修模块2　遗传与进化。

概念3　遗传信息控制生物性状，并代代相传。

3.1　亲代传递给子代的遗传信息主要编码在DNA分子上。

3.1.4　概述DNA分子上的遗传信息通过RNA指导蛋白质的合成，细胞分化的本质是基因选择性表达的结果，生物的性状主要通过蛋白质表现。

四、科普性解读

遗传信息是指基因中的脱氧核苷酸排列顺序或碱基排列顺序，位置在DNA分子上。以DNA分子的其中一条单链作为模板转录成mRNA，mRNA上的碱基排列顺序称为遗传密码。所以经过转录后，遗传信息就转化成遗传密码。遗传密码的位置在mRNA上，mRNA上相邻的3个碱基决定一个氨基酸，这3个相邻的碱基称为密码子。遗传密码现已查明，共有64个密码子，其中有61个有效密码子，对应着20种氨基酸。这就意味着有的氨基酸对应了多个密码子，如亮氨酸一共有6个密码子（UUA、UUG、CUU、CUG、CUA、CUC），这种现象称为密码的简并。

在地球上，除极少数的生物外，遗传密码是通用的，这说明地球上的生物都是由共同的祖先进化而来的。

五、科学思维（情境与问题）

情境：1961年，克里克通过实验证明：3个碱基可以排列成1个遗传密码。之后，科学家们开始探索一个特定的遗传密码所对应的特定的氨基酸究竟是哪一个。

在破译密码的竞赛中，美国科学家尼伦伯格走在了前面。他用严密的科学推理对蛋白质合成的情况进行分析：既然核苷酸的排列顺序与氨基酸存在对应关系，那么只要知道RNA链上的碱基序列，然后由这种链合成蛋白质，不就能知道它们的密码了吗？于是尼伦伯格采用蛋白质的体外合成技术，在每个试管中分别加入了一种氨基酸，再加入除去了DNA和mRNA的细胞提取液以及人工合成的RNA多聚尿嘧啶核苷酸（UUUUU……），结果在加入了苯丙氨酸的试管中出现了多聚苯丙氨酸的肽链。于是破译出第一个遗传密码：UUU对应苯丙氨酸。

在此后的六七年里，科学家沿着蛋白质体外合成的思路，不断改进实验方法，破译出了全部的密码子，并编制出了密码子表。

尼伦伯格因破解出遗传密码而与霍利及科拉纳共同获得1968年诺贝尔生理学或医学奖。

问题：尼伦伯格和马太采用蛋白质的体外合成技术，在每一个试管中加入一种氨基酸，再加入除去了DNA和mRNA的细胞提取液以及人工合成的多聚尿嘧啶核苷酸，结果在加入了苯丙氨酸的试管中出现了多聚苯丙氨酸的肽链。

（1）本实验所用的细胞提取液可以用大肠杆菌制备。请简述制备方法：

① 对大肠杆菌进行振荡裂解；

② _____；

③ _____。

经上述操作，得到了除去DNA和mRNA的细胞提取液。（大肠杆菌中mRNA约在30～60分钟内自行分解，因此操作中可不考虑）

参考答案：

②离心、过滤，获取匀浆；③用DNA酶处理匀浆，除去DNA。

（2）若想要知道更多氨基酸的密码子，如何改进上述尼伦伯格所做的实验？请简述你的想法。

参考答案：

依次用不同种类的多聚核糖核苷酸替换上述实验中的多聚尿嘧啶核苷酸。

病毒的复制机理和遗传结构的发现

——1969年诺贝尔生理学或医学奖

一、获奖人

马克斯·德尔布吕克（1906年9月4日—1981年3月9日），美国生物物理学家。

萨尔瓦多·爱德华·卢瑞亚（1912年8月13日—1991年2月6日），出生于意大利，美国微生物学家。

阿弗雷德·赫希（1908年12月4日—1997年5月22日），出生于密歇根州，美国细菌学家与遗传学家。

二、颁奖词或获奖原因

发现病毒的复制机理和遗传结构中DNA所起的基本作用，具有十分重大的科学意义。

三、课本知识适切点

必修模块1　分子与细胞。

概念1　细胞是生物体结构与生命活动的基本单位。

1.1.7　概述核酸由核苷酸聚合而成，是储存与传递遗传信息的生物大分子。

模块2　遗传与进化。

概念3　遗传信息控制生物性状，并代代相传。

3.1.4　概述DNA分子上的遗传信息通过RNA指导蛋白质的合成，细胞分化的本质是基因选择性表达的结果，生物的性状主要通过蛋白质表现。

四、科普性解读

病毒是一种个体极其微小、没有细胞结构的特殊生物。它们的结构非常简单，由蛋白质外壳和内部的遗传物质组成。病毒不能独立生存，必须生活在其他生物的细胞内，一旦离开活细胞，就不表现任何生命活动迹象。

病毒的增殖是病毒基因复制与表达的结果，它完全不同于其他生物的繁殖方式，又称为病毒的复制。病毒缺乏增殖所需的酶系，只能在其感染的活细胞内，在病毒自身遗传物质的指导下，利用宿主细胞所提供的各种与增殖有关的因子，进行自我复制。病毒的复制过程一般可分为吸附、注入、合成、组配、释放五个阶段，如图1所示。不同病毒的复制过程在细节上有差异。

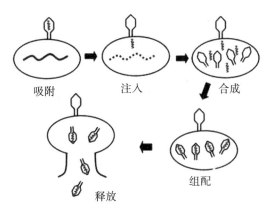

图1 病毒的增殖过程

噬菌体是病毒当中的一类，其特别之处是它专门寄生在细菌体内，因部分能引起宿主菌的裂解，故称为噬菌体。跟别的病毒一样，噬菌体的结构很简单，由蛋白质外壳和内部的遗传物质组成，如图2所示。

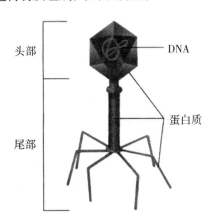

图2 噬菌体结构模式

1952年，赫希与蔡斯一同用放射性同位素标记过的噬菌体做了浸染细菌的实验，证明了其遗传物质为DNA。后来，其他科学家研究发现，有些病毒的遗传物质为RNA。

五、科学思维（情境与问题）

情境：噬菌体展示技术是一种强有力的基因表达筛选技术，1985年首次由美国科学家乔治·史密斯（Smith Ml）在《科学》杂志进行了阐述。噬菌体展示技术的基本原理是：将编码外源多肽的DNA序列插入噬菌体外壳蛋白结构基因的适当位置，使外源多肽与外壳蛋白融合表达，融合蛋白随子代噬菌体的重新组装而展示在噬菌体表面，被展示的多肽可保持相对独立的空间结构和生物活性。导入了各种各样外源基因的一群噬菌体，构成一个展示各种各样外源肽的噬菌体展示库。当用一个蛋白质去筛查一个噬菌体展示库时，噬菌体就会选择性地同与其有相互作用的某个外源肽相结合，从而分离出展示库里的某个特定的噬菌体，研究该噬菌体所含外源基因的生物学功能。

抗原表位，又称抗原决定簇，指抗原分子中决定抗原特异性的特殊化学基团，一般由几个氨基酸残基序列组成。抗原通过抗原表位与相应的淋巴细胞表面的抗原受体结合，从而激活淋巴细胞，引起免疫应答；抗原也借表位与相应抗体或致敏淋巴细胞发生特异性结合而引起免疫效应。

传统的抗原表位是通过酶切降解抗原成为无数条小片段或合成一系列长短不同但与抗原某区段有相同序列的小肽段来与单克隆抗体结合而得到的。此方法成本高，而且首先必须确定抗原的氨基酸序列，才能进行降解和合成反应。在实际研究中，许多抗原的序列并不清楚。

问题：是否可以考虑将噬菌体展示技术应用于抗原表位的定位？请简要描述操作过程。

参考答案：

可以。将抗原的DNA序列分段，随机插入不同噬菌体外壳蛋白结构基因的适当位置。导入了抗原DNA序列不同区段的噬菌体，会在子代噬菌体表面展示不同的外源肽段，构成一个展示各种各样外源肽的噬菌体展示库。然后以抗原的特异性抗体为靶分子来对噬菌体展示肽库进行筛选，并将筛选出来的能与抗体特异性结合的噬菌体肽序列跟抗原序列比较，找到存在于抗原肽段上相同或相似的序列即可认为是抗原表位。

发现神经末梢中的传递物质及其储存、
释放和抑制的机理

——1970年诺贝尔生理学或医学奖

一、获奖人

乌尔夫·冯·奥伊勒，1905年2月7日生于斯德哥尔摩。1946年，他鉴定出了神经递质——肾上腺素和去肾上腺素。

朱利叶斯·阿克塞尔罗德在乌尔夫·冯·奥伊勒的研究基础上，发现了一种能抑制神经递质的物质——单胺氧化酶，这一科研成果后来催生了一系列抗抑郁症药物，如单胺氧化酶抑制剂等。

伯纳德·卡茨以研究神经生物化学而著名。他与同事们在关于神经传导的化学方面有许多发现，包括发现钙离子在促进神经递质的释放方面的作用等。

二、颁奖词或获奖原因

三位科学家的研究进一步阐述了神经调节过程中的化学传递过程。他们发现了神经递质储存、释放和抑制的方式，补充了神经传导的空白。

三、课本知识适切点

选择性必修模块1　稳态与调节。

概念1　生命个体的结构与功能相适应，各结构协调统一共同完成复杂的生命活动，并通过一定的调节机制保持稳态。

1.3　神经系统能够及时感知机体内、外环境的变化，并做出调控各器官、系统活动的反应，实现机体稳态。

1.3.3　阐明神经冲动在突触处的传递通常通过化学传递方式完成。

四、科普性解读

神经递质是神经元之间信息传递的化学介质。目前发现的神经递质有100种以上，主要有：

（1）乙酰胆碱（Ach），这是最早被鉴定的递质。

（2）单胺类，包括儿茶酚胺和5-羟色胺（5-HT）。其中，儿茶酚胺指的是肾上腺素（E）、去甲肾上腺素（NE）、多巴胺（DA）。

（3）氨基酸递质，被确定为递质的有谷氨酸（Glu）、C-氨基丁酸（GABA）和甘氨酸（Gly）。

（4）多肽类神经活性物质，近年来在中枢神经系统内发现的大分子递质，包括垂体肽、下丘脑释放激素、脑肠肽、内阿片肽、速激肽等几大类。

兴奋/抑制性神经递质存在于突触前膜的突触小泡中。当上一个神经元的神经冲动从轴突传导到轴突末梢时，会导致突触前膜对钙离子的通透性增强，让钙离子从组织液流入胞内，让胞内钙离子浓度升高，此时，钙离子浓度升高作为一个信号导致突触小泡前移与突触前膜融合，通过胞吐方式把神经递质释放到突触间隙。释放神经递质的过程需要消耗能量。当神经递质释放到突触间隙也就是组织液后，神经递质借助组织液的扩散作用，从突触前膜逐步扩散到突触后膜，这个过程不需要消耗能量，同时也实现了神经递质传递的电信号到化学信号的转变。当神经递质扩散到突触后膜，神经递质就是一个化学信息分子，它会与后膜上的受体进行特异性结合，导致突触后膜发生电位变化。如果后膜接受的是兴奋性递质的刺激，会增强突触后膜对钠离子的通透性，让钠离子内流，从而让下一个神经元兴奋。如果后膜接受的是抑制性递质的刺激，会增强突触后膜对氯离子的通透性，让氯离子内流，导致后膜无法兴奋。发挥作用后的神经递质有些会被重新摄取运回突触前膜，有些会被酶解灭活。

五、科学思维（情境与问题）

情境： 兴奋在突触的传递易受一些理化因素的干扰。毒物可通过很多环节影响这一过程，包括神经递质的生物合成、囊泡中神经递质的储存或释放、神经递质灭活与清除、干扰神经递质与受体作用或毒物本身直接与受体结合等，此类毒物统称为神经递质毒物。常见的神经递质毒物有美洲箭毒、有机磷农药、肉毒杆菌毒素等，不同毒素所影响的环节不同。

神经递质毒物导致兴奋传递异常大体可分为两种情况：①毒物使下一个神经元或非神经细胞不能产生兴奋或抑制；②毒物使下一个神经元或非神经细胞持续

处于兴奋或抑制状态。

　　问题：多巴胺是某些神经元之间传递信号的递质，它会刺激大脑中的"奖赏中枢"，使人产生愉悦感，多巴胺起作用后会被转运体运回突触前膜。可卡因是一种神经类毒品，使人产生强烈快感。

　　据图1可知，可卡因会导致突触间隙中多巴胺含量_____，其作用机理是_____。

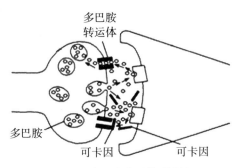

图1　可卡因的作用机理图解

参考答案：

增多；可卡因阻止多巴胺的回收，使突触后神经元持续性兴奋。